DÉBORA GAROFALO

UNIVERSO MAKER NA EDUCAÇÃO

ESTRATÉGIAS CRIATIVAS PARA
INOVAR NA SALA DE AULA

Ciranda Cultural

Dados Internacionais de Catalogação na Publicação (CIP) de acordo com ISBD

G237u   Garofalo, Débora.

Universo maker na educação / Débora Garofalo ; ilustrado por Simone Ziasch ; Shutterstock. - Jandira, SP : Ciranda Cultural, 2024.
96 p. : il.; 15,50cm x 22,60cm. - (Universo maker).

ISBN: 978-65-261-1299-1

1. Educação. 2. Apoio escolar. 3. Tecnologia. 4. Educação. 5. Criação. 6. Experimentação. I. Título. II. Ziasch, Simone. III. Shutterstock. IV. Série.

2024-1838

CDD 372.2
CDU 372.4

Elaborada por Lucio Feitosa - CRB-8/8803

Índice para catálogo sistemático:
1. Educação 372.2
2. Educação 372.4

© 2024 Ciranda Cultural Editora e Distribuidora Ltda.

Texto © Débora Garofalo

Colaborador: Bernardo Soares

Ilustrações: Simone Ziasch e Woodhouse/Shutterstock.com; Nidnids/Shutterstock.co

Capa: Simone Ziasch

Editora: Elisângela da Silva

Preparação de texto: Adriane Gozzo

Revisão: Fernanda R. Braga Simon e Karina Barbosa dos Santos

Projeto gráfico e diagramação: Ana Dobón

Produção: Ciranda Cultural

Os créditos de todas as imagens desta obra pertencem aos produtores e criadores dos respectivos personagens e capas de quadrinhos e/ou livros. As imagens utilizadas neste livro são apenas para fins de divulgação. Todos os direitos reservados.

1ª Edição em 2024

www.cirandacultural.com.br

Todos os direitos reservados. Nenhuma parte desta publicação pode ser reproduzida, arquivada em sistema de busca ou transmitida por qualquer meio, seja ele eletrônico, fotocópia, gravação ou outros, sem prévia autorização do detentor dos direitos, e não pode circular encadernada ou encapada de maneira distinta daquela em que foi publicada, ou sem que as mesmas condições sejam impostas aos compradores subsequentes.

SUMÁRIO

Introdução 5

Cultura maker: uma filosofia, não uma metodologia 7

Educadores e a cultura maker 13

O movimento em direção à educação 17

Inserção da cultura maker na educação 20

A cultura maker na prática 28

Metodologias ativas e a cultura maker 32

Ambiente de aprendizagem 47

Programação 48

A computação e a educação: o complemento à BNCC 57

Pensamento computacional desplugado 62

Voltando ao Scratch: saiba utilizá-lo 65

Além do Scratch 67

Arduíno, programação e robótica na prática 68

Robótica 71

Experiências com a cultura maker 81

A cultura maker não é apenas um modismo 90

Referências 93

APONTE A CÂMERA DO CELULAR PARA
O QR CODE E ACESSE O CONTEÚDO
EXTRA DA COLEÇÃO.

INTRODUÇÃO

O movimento "Do It Yourself" – DIY (ou "Faça você mesmo", em tradução para o português), surgido nos Estados Unidos em 1912 como uma estratégia de economia durante reformas residenciais, evoluiu para o que conhecemos como movimento maker. Essa filosofia se tornou uma cultura abrangente, na qual indivíduos compartilham conhecimentos em diversas áreas, como tecnologia, informática, computadores e softwares de código aberto.

A base fundamental desse movimento é o compartilhamento de conhecimento, impulsionado pela crescente acessibilidade do hardware e pela colaboração ativa da comunidade no desenvolvimento de projetos inovadores. Esse impacto estende-se à educação, oferecendo inúmeros benefícios aos alunos, principalmente ao estimular o protagonismo estudantil. A acessibilidade é uma realidade devido às plataformas de baixo custo e de código aberto adotadas pelos criadores para desenvolver projetos, como o Arduino e o seu IDE.

CULTURA MAKER: CRIATIVIDADE E APRENDIZAGEM PRÁTICA

A essência da cultura maker reside na celebração da criação, da experimentação e da aprendizagem prática. Ela promove a crença de que todos têm a capacidade de criar e fabricar, utilizando ferramentas e tecnologias acessíveis. Valoriza, também, a transformação de ideias em objetos tangíveis e funcionais, incentivando a resolução de problemas por meio da exploração de materiais, tecnologias e técnicas diversas.

A colaboração e o compartilhamento de conhecimentos são fundamentais, manifestando-se em espaços como Fab Labs, hackerspaces ou makerspaces, onde makers reúnem-se para compartilhar recursos, ferramentas e experiências, fomentando a criação coletiva, troca de ideias e trabalho em equipe.

A ênfase na liberdade de criação e experimentação é característica marcante, permitindo que as pessoas explorem sua curiosidade e criatividade. Projetos pessoais, desde artefatos simples até dispositivos eletrônicos complexos, são incentivados.

Além disso, essa cultura destaca o aprendizado contínuo e o compartilhamento aberto de conhecimentos. Makers documentam seus projetos, compartilhando tutoriais, planos e códigos-fonte para inspirar outros. Essa mentalidade promove uma comunidade colaborativa e inclusiva, incentivando práticas sustentáveis, reutilização e reciclagem.

O movimento maker abrange diversas áreas, como eletrônica, programação, impressão 3-D, marcenaria, costura, artes, entre outras, influenciando não só a educação, mas também a indústria, estimulando a inovação e o empreendedorismo. Assim, representa uma expressão de criatividade, da experimentação e da aprendizagem prática, destacando autonomia, colaboração, sustentabilidade e compartilhamento de conhecimentos como pilares fundamentais, capacitando as pessoas a transformarem suas ideias em realidade.

> COM CERTEZA, VOCÊ JÁ OUVIU FALAR DESSE TERMO, NÃO? QUE TAL NOS APROFUNDARMOS NA FILOSOFIA MAKER?

CULTURA MAKER: UMA FILOSOFIA, NÃO UMA METODOLOGIA

Antes de iniciarmos, é importante ressaltar: ao se tornar maker, você não aderiu a uma metodologia, tampouco aprendeu um conteúdo específico. De acordo com estudiosos da área, a cultura maker é um **movimento**, uma **filosofia**. Nela, acredita-se que **qualquer pessoa** pode **consertar**, **modificar**, **criar**, **produzir** e **ressignificar** objetos, ferramentas e até materiais que seriam descartados, como recicláveis ou eletrônicos, usando as mãos e a criatividade. Já são inúmeros as empresas, os serviços, os projetos sociais e, claro, as instituições de ensino que adotam essa ideologia para impulsionar planos de inovação, por ser uma porta de entrada para mudanças.

O empresário Bill Gates (1955-), um dos fundadores da Microsoft.

Fonte: https://medicinasa.com.br/bill-gates/

Como visto anteriormente, o movimento maker é uma ampliação da cultura do tipo "faça você mesmo". Esse termo surgiu com o computador pessoal, em garagens escondidas pelo mundo, com personalidades das quais você, ao certo, já ouviu falar, como Bill Gates e Steve Jobs.

O empresário Steve Jobs (1955-2011), um dos fundadores da Apple.

Fonte: https://engenhariae.com.br/tecnologia/primeiro-iphone-foi-apresentado-ha-16-anos-por-steve-jobs

Fonte: https://makezine.com/volume/make-01/

Edição nº 1 da *Make Magazine*.

Com base nesse movimento, as pessoas passaram a criar e a construir objetos de diferentes naturezas, "com as próprias mãos".

Anos depois, em 2005, o termo foi usado para lançar uma revista norte-americana que difundia projetos tecnológicos, a *Make* (ou *Make Magazine*, em inglês), criada por Dale Dougherty (1955-). Segundo Paulo Blikstein (2018), pesquisador e professor do Departamento de Matemática, Ciência e Tecnologia do Teachers College, da Universidade de Columbia, a revista tinha como objetivo tornar acessíveis essas novas ferramentas que começavam a surgir no mercado – novas placas de baixo custo, como a plataforma Arduino, kits de eletrônica, impressoras 3-D, entre outras.

Em 2006, quando a revista promoveu a *Make Faire*, evento que recebeu mais de 250 mil pessoas, gigantes da tecnologia como Samsung, Intel, Microsoft, Raspberry, Arduino e Microchip começaram a desenvolver tecnologias específicas para os "fazedores".

Fonte: https://infograficos.estadao.com.br/focas/movimento-maker/dale-dougherty.php.

Dale Dougherty, criador da *Make Magazine*.

▰▰▰▰▰◯ PILARES DA CULTURA MAKER

O movimento maker é uma cultura baseada em quatro pilares:

1. CRIATIVIDADE: o "faça você mesmo" estimula a criatividade. Problemas complexos são resolvidos com base em soluções simples, mas originais e inovadoras. Assim, é possível explorar o potencial criativo de quem produz, que o faz à própria maneira, de maneira personalizada.

2. COLABORAÇÃO: muitas ferramentas usadas são *open source*, ou seja, estão disponíveis gratuitamente, para serem utilizadas quando necessário. No mundo virtual, por exemplo, é fácil encontrar moldes e vídeos de passo a passo para atividades, gratuitamente.

3. SUSTENTABILIDADE: evita o desperdício; utiliza o que está disponível. Ganha destaque, aqui, a redução do consumo excessivo e do descarte massivo. O objetivo principal é **reutilizar, reaproveitar**.

4. ESCALABILIDADE: tudo o que é criado pode ser replicado, multiplicado, levando sempre em consideração a economia de recursos. Em pouco tempo, é fácil ver projetos compartilhados na internet sendo replicados por vários outros meios e adaptados de diferentes formas, ampliando o alcance das produções.

As trocas entre os "criadores" ocorrem em laboratórios e espaços conhecidos como *makerspaces*, que reúnem empreendedores, pesquisadores e entusiastas do movimento maker, incluindo aqui no Brasil. Os *makerspaces* ou Fab Labs são espaços que facilitam a associação de atividades "mão na massa" com a construção do conhecimento, por isso também estão chegando às escolas.

O espaço maker Olabi fica no Rio de Janeiro, é independente e foi criado em 2014 por Gabriela Augustini e Isabelle Goldfarb. O local atende tanto makers leigos quanto especialistas, de todas as idades, com workshops, palestras e encontros para projetos em conjunto. O Olabi também tem um projeto em uma comunidade carioca que oferece a adultos e crianças sem acesso às tecnologias a oportunidade de se aproximarem desse movimento.

Nesses locais, é possível encontrar ferramentas, componentes eletrônicos, como placas programáveis (Arduino, Makey Makey, Micro:bit e outras); kits de robótica e fabricação digital; impressoras 3-D; cortadoras a *laser*; e prototipação para fabricação de produtos, soluções e projetos. Mas, no fim, todos nós sabemos qual é a principal ferramenta de todo esse movimento: é a atitude **do maker**.

O ex-presidente Barack Obama na primeira feira maker na Casa Branca, em 2014.

A cultura maker precisa ser encarada como um processo que permeia ferramentas **desplugadas**, com atividades de marcenaria, bordado e costura, por exemplo, até chegar a ações **plugadas**, digitais, que perpassam o pensamento computacional, como a programação, a robótica, a modelagem e a prototipagem.

SAIBA MAIS

Você sabia que o primeiro Fab Lab foi criado em Boston, nos Estados Unidos, e continua em funcionamento até hoje? Desde então, esse tipo de espaço foi disseminado por todos os países. Os Fab Labs são equipados com máquinas de fabricação digital e aparelhos eletrônicos que permitem aos usuários criar os próprios protótipos de um jeito rápido e barato. Além disso, possibilitam o trabalho com as metodologias e os pilares da cultura do tipo "faça você mesmo", de maneira colaborativa, com entusiastas do movimento.

No Brasil, há vários Fab Labs, e o mais conhecido e antigo, fundado em 2011, é o Garoa Hacker Clube. No setor público, há o Centro de Inovação da Educação Básica Paulista, interligado à rede estadual de ensino, cujo objetivo é democratizar o acesso à tecnologia e à inovação a 3,7 milhões de estudantes de todo o estado. O Centro de Inovação conta com dezoito unidades em funcionamento e uma unidade móvel.

Garoa Hacker Clube, em São Paulo.

Sala do primeiro Centro de Inovação da Educação Básica Paulista.

SAIBA MAIS

Aponte a câmera do celular para o QR Code e assista ao TED de 2011 do fundador da revista *Make*, Dale Dougherty: Nós somos criadores. Durante a exposição, Dougherty mostra uma série de invenções incríveis que revelam a paixão dos makers por criar, inventar, ser realizadores. Para ele, o movimento estimula a habilidade de remendar, moldar e remoldar o mundo.

Não se esqueça de ativar as legendas em português no botão .

EDUCADORES E A CULTURA MAKER

Paulo Freire

Paulo Freire (1921-1997) e Seymour Papert (1928-2016) são importantes educadores e foram grandes precursores do movimento maker na educação.

Mas o que Paulo Freire, patrono da educação brasileira, e Seymour Papert têm em comum com a cultura maker?

Uma das defesas mais conhecidas de Paulo Freire diz respeito ao papel do estudante como agente de mudança. Na obra *Pedagogia do oprimido*, Freire deixa claro que é necessário que a sociedade supere uma educação conhecida como "bancária", na qual o professor, único detentor do conhecimento, é responsável por depositar conteúdo naquele que nada sabe, o estudante, que passa a acumular essas informações sem nem sequer refletir sobre elas. A superação dessa educação leva a uma pedagogia libertadora que também alimenta a *Pedagogia da autonomia* (título de outro livro do professor), aquela na qual o estudante é responsável por atuar no mundo e, ao mesmo tempo, ser protagonista na construção do conhecimento.

Certamente, são perceptíveis as semelhanças do ponto de vista de Paulo Freire com o movimento maker. Se o estudante é o protagonista no processo de aprendizagem, é ele quem cria, monta, "faz". É ele o responsável por se interessar por diferentes assuntos, buscar aprender e, depois, criar, de maneira autônoma, novas ferramentas, usando o mundo à sua volta e, claro, modificando-o.

SAIBA MAIS

O jornal *Nexo* fez uma exposição interessante da trajetória de Paulo Freire. Aponte a câmera do celular para o QR Code e saiba mais sobre a vida e o método do patrono da educação brasileira.

Já o matemático sul-africano Seymour Papert é um dos seguidores do Construtivismo, teorizado pelo filósofo e psicólogo suíço Jean Piaget (1896-1980). O Construtivismo entende que o conhecimento e o desenvolvimento resultam da interação da criança com o mundo ao seu redor, o que lhe permite mudar a realidade em que está inserida; o professor, nesse caso, é apenas mediador do processo de ensino-aprendizagem.

Seymour Papert

Fonte: https://news.mit.edu/2016/seymour-papert-pioneer-of-constructionist-learning-dies-0801

Com base nessa teoria, Papert iniciou seu trabalho observando como as crianças trabalhavam com programas de computador e eletrônica e, então, desenvolveu a teoria **Construcionista**, que valoriza a construção do conhecimento baseada nos interesses do estudante, enriquecida pelo desenvolvimento de objetos reais, usando as diversas tecnologias como recurso de aprendizagem. As experiências e as interações acontecem de maneira mais robusta se os aprendentes estiverem engajados em construir artefatos compartilháveis, como robôs, invenções ou programas de computador.

Conforme descrevem Massa, Oliveira e Santos (2022), Papert também foi responsável, com outros pesquisadores, pelo desenvolvimento, na década de 1960, da linguagem de programação Logo, recurso que dava às crianças domínio do computador e lhes possibilitava programar a máquina. Com o desenvolvimento dos computadores entre 1970 e 1980, o professor precisou pensar no uso da máquina desde a concepção para a construção do conhecimento. Via-se no computador uma ferramenta para tornar a aprendizagem significativa, tendo em vista que, com a interação com o dispositivo e os programas, seria possível "criar" e "construir", utilizando temas específicos, personalizando a aprendizagem e permitindo um trabalho protagonizado pelos estudantes. Segundo Campos (2019),

> Isso quer dizer que a linguagem Logo nasceu com uma perspectiva diferente para o uso educacional do computador. Em vez de ser um objeto no processo, o aprendiz se torna sujeito ativo, pois, ao comandar o computador tendo em mente suas intenções, ele assume a responsabilidade sobre sua própria aprendizagem (Campos, 2019, p. 37).

Basicamente, a linguagem Logo permitia que, por meio de comandos de computador, o estudante controlasse um robô, depois apelidado de "tartaruga" (Raabe, Couto & Blikstein *in* Raabe, Zorzo & Blikstein, 2020), com base em um código desenvolvido. Isso poderia ser feito tanto na tela de um computador, por meio do esboço de figuras geométricas, quanto

A tartaruga dos estudos de Papert com a linguagem Logo.

Fonte: https://periodicos.utfpr.edu.br/actio/article/view/14412

em forma de um robô, que se movimentava com o uso dos comandos planejados pelos estudantes para desenhar figuras em uma superfície, com uma caneta acoplada à base, como é possível ver no canto superior direito da figura a seguir. Era o início do trabalho com a robótica na educação.

Os kits desenvolvidos pela LEGO permitem, até hoje, a aprendizagem em robótica. Há, inclusive, competições, no mundo todo, com o uso dessas ferramentas.

Fonte: https://www.ll.mit.edu/outreach/robotics-first-lego-league-jr

Em 1985, Papert tornou-se membro-fundador do Massachusetts Institute of Technology (MIT) Media Lab, liderando um movimento de pesquisa interdisciplinar na direção do desenvolvimento e do uso das tecnologias para a inovação, incluindo novos modelos e ferramentas de aprendizado. No mesmo ano, a empresa LEGO, dos famosos jogos de montar, iniciou uma parceria com o laboratório do MIT, o que possibilitou o desenvolvimento de muito mais ferramentas para a educação envolvendo as tecnologias.

Campos (2019) diferencia o Construtivismo do Construcionismo ao afirmar que:

> Para Papert [...], enquanto o construtivismo delimita a construção de estruturas de conhecimento por intermédio da internalização progressiva de ações, o construcionismo acrescenta que isso ocorre de maneira mais eficaz quando o aprendiz está em um contexto consciente e quando pode construir suas ideias e representá-las no mundo real (Campos, 2019, p. 80)

Isso significa que, para o Construcionismo, soma-se ao Construtivismo a preocupação com o trabalho manual, a materialização das emoções, das ideias, dos pensamentos no mundo exterior, de modo que haja resultados concretos e compartilháveis. A aprendizagem, assim, torna-se tangível, alcançada pela invenção, pela exploração e pela execução. Em síntese, Papert acreditava que devemos aprender fazendo, materializando nossas ideias e nossos pensamentos e compartilhando nosso aprendizado.

Campos (2019) elenca, ainda, algumas vantagens do Construcionismo para o sistema escolar:

> Quando as crianças estão engajadas no que estão fazendo, elas ficam mais motivadas a aprender. Os princípios construcionistas podem ser úteis aos alunos com dificuldade de memorização, aos que têm problemas com as avaliações do dia a dia escolar e aos que se cansam facilmente com os estímulos intelectuais que recebem. A abordagem construcionista permite aos alunos seguirem seu próprio ritmo de trabalho e se engajarem em projetos de seu interesse pessoal. Ou seja, todos irão aprender sem se preocupar em decorar temas para passar nas provas (Campos, 2019, p. 85).

Entende-se, então, o Construcionismo como uma oportunidade de o aprendente entender o funcionamento das coisas, materializar conceitos e só assim ter a habilidade de aplicar essas informações a outros contextos e propósitos. É a cultura maker aproveitando-se da experimentação para gerar aprendizagem significativa.

SAIBA MAIS

Aponte a câmera do celular para o QR Code e leia o ensaio "As engrenagens da minha infância", publicado como prefácio do livro *Mindstorms: children, computers and powerful ideas* (Basic Books, 1980), do professor Seymour Papert.

O MOVIMENTO EM DIREÇÃO À EDUCAÇÃO

Não é difícil compreender, com base em Paulo Freire e Seymour Papert, a aplicação do movimento maker à educação. Segundo o pesquisador Paulo Blikstein (2018), ele é resultado de um movimento histórico de educadores em direção ao protagonismo do estudante, que deve ser o centro do processo de ensino-aprendizagem. Além disso, entender a cultura maker como junção de mudanças socioeconômicas e da movimentação de indivíduos e organizações visionárias nos permite identificar o que pode e deve ser mantido e utilizado para que essa ideologia prospere e mantenha os estudantes centralizados nas instituições, no ensino, na aprendizagem e até na educação inovadora.

Para o professor Blikstein, foi e é perceptível, ao longo do tempo, uma movimentação em direção à cultura maker por uma iniciativa de governos, academias científicas e organizações, a partir de padrões e testes modificados internacionalmente. É o caso dos Next Generation Science Standards (Padrões Científicos da Próxima Geração, em português), que colocam no centro do ensino básico e secundário a engenharia e o *design*.

Em 2006, a Organização para a Cooperação e Desenvolvimento Econômico (OCDE) também começou a elaborar novos testes internacionais para medir competências como a **colaboração**, um dos pilares da cultura maker, deixando de lado o trabalho de ensino-aprendizagem isolado. No início dos anos 2000, o MIT passou a ministrar, em seu Media Lab, um curso chamado "Como fazer quase tudo" (ou "How to make almost anything", em inglês) para os estudantes licenciados. Em 2013, empreendedores do Vale do Silício criaram a Code.org, uma organização sem fins lucrativos que tinha como principal objetivo democratizar a programação ao público infantil. São as "competências do século XXI" que dão a esse movimento uma nova importância no campo educacional.

Blikstein (2018) afirma, ainda, que uma das tendências mais recentes que nos ajudam a compreender o crescimento desse movimento na educação é a criação de novas ferramentas de software[1] e hardware[2] específicas para as crianças. É o caso da linguagem de programação Scratch[3], desenvolvida também pelo MIT, em 2007. Essa linguagem substitui a programação clássica por uma interface gráfica baseada em blocos e animações. Depois, surgiram outras ferramentas, como Alice[4] e NetLogo[5], que incluíram mundos em 3-D, narração de histórias e modelação científica, ardublock[6], Tinkercad[7], entre outras. Toda essa movimentação foi solidificada na primeira Conferência de Design de Interação para Crianças (IDC), em 2002.

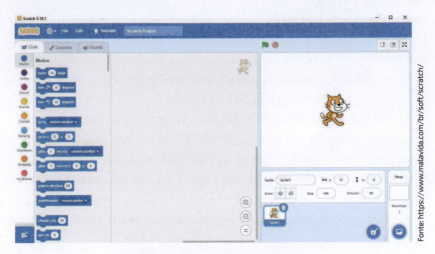

Software Scratch, do MIT Lab, em ação.

---

[1] Os softwares são a parte das máquinas referentes ao sistema em si, responsáveis pela execução das atividades. Na prática, são os programas e aplicativos que fazem a máquina funcionar. O Scratch, por exemplo, é um software.
[2] O hardware diz respeito aos componentes físicos da máquina. Na prática, são as peças e os outros dispositivos que, ao se conectarem, fazem o computador funcionar.
[3] Disponível em: https://scratch.mit.edu/. Acesso em: 31 ago. 2023.
[4] Disponível em: http://www.alice.org/. Acesso em: 31 ago. 2023
[5] Disponível em: https://www.netlogoweb.org/launch#https://www.netlogoweb.org/assets/modelslib/Sample%20Models/Networks/Preferential%20Attachment.nlogo. Acesso em: 31 ago. 2023.
[6] Disponível em: http://ardublock.ru/en/. Acesso em: 31 ago. 2023.
[7] Disponível em: https://www.tinkercad.com/. Acesso em: 31 ago. 2023.

Software Alice, de programação em 3-D.

Fonte: https://abes.com.br/software-alice-ensina-a-logica-da-programacao-de-forma-ludica-para-criancas-e-jovens

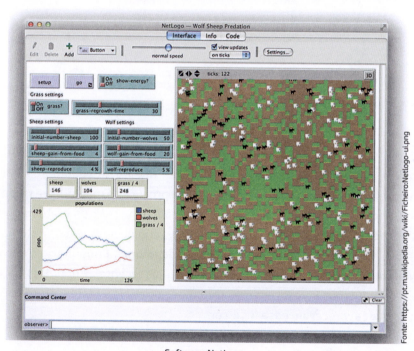

Software NetLogo.

Fonte: https://pt.m.wikipedia.org/wiki/Ficheiro:Netlogo-ui.png

INSERÇÃO DA CULTURA MAKER NA EDUCAÇÃO

Retomando os movimentos elencados por Blikstein (2018) anteriormente, é possível identificar cinco tendências, na história, que evidenciam a aceitação e a introdução da cultura maker no ambiente educacional:

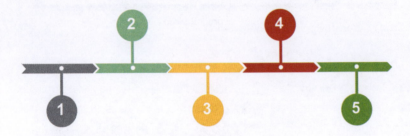

1. ACEITAÇÃO SOCIAL DAS IDEIAS DE EDUCAÇÃO PROGRESSISTA E CONSTRUTIVISTA. Nos últimos quinze anos, a educação progressista e construtivista foi mais aceita na sociedade. Primeiro, trabalhadores mais flexíveis e criativos passaram a ser alvo da procura do mercado de trabalho; depois, houve incentivo ativo à inserção, na escola, da metodologia investigativa STEAM (Science, Technology, Engineering, Arts, Matemathics), abordagem que integra **Ciência**, **Tecnologia**, **Engenharia**, **Arte** e **Matemática**, e de abordagens educativas mais recentes. Por fim, como já vimos, governos investiram em currículos nacionais e testes internacionais que favoreceram essa inserção.

2. BUSCA ATIVA DOS PAÍSES EM DIREÇÃO À INOVAÇÃO. Países como os Estados Unidos, a Inglaterra e até o Brasil têm investido em uma economia baseada no conhecimento e em práticas inovadoras. Isso fica claro com a introdução dessa educação progressista nos currículos e com o financiamento de programas de investigação inovadores. Exemplos disso são a organização de feiras de inovação que a Casa Branca tem incentivado nos últimos anos, como vimos na imagem apresentada no início deste livro, e a oferta de placas de computador de baixo custo a estudantes do 7º ano na Inglaterra, liderada pela BBC. A introdução de competências e habilidades relacionadas ao ambiente das tecnologias digitais na Base Nacional Comum Curricular (BNCC) brasileira também é uma evidência da valorização desses conhecimentos atualmente.

3. CRESCIMENTO DA MENTALIDADE DE CODIFICAÇÃO E MAKING. Com os investimentos constantes na "modernização" da educação, o MIT lançou, no início dos anos 2000, o curso "Como fazer quase tudo", enquanto os Fab Labs começaram a ser criados. Em 2005, a *Make Magazine* foi fundada e, em 2003, surgiu a Code.org.

4. REDUÇÃO DO CUSTO DAS TECNOLOGIAS DE FABRICO DIGITAL. Com o tempo, houve redução drástica dos custos das tecnologias relacionadas à cultura maker. Impressoras 3-D, por exemplo, que antes custavam centenas de milhares de dólares, hoje têm preços bem mais acessíveis. Com isso, empresas como a Microchip passaram a investir em plataformas mais baratas (ou até gratuitas) e fáceis de usar, e, em 2005, as plataformas Arduino[8] ofereceram ferramentas ainda mais acessíveis, incluindo virtualmente, permitindo sua adoção em massa.

A placa de programação Arduino, que, hoje, também pode ser acessada de modo virtual.

Fonte: https://embarcados.com.br/arduino-primeiros-passos/

5. MELHORES FERRAMENTAS E CRESCIMENTO DOS LABORATÓRIOS ACADÊMICOS. Houve, por fim, a criação em massa de ferramentas especificamente voltadas à educação, como o Scratch, que conhecemos anteriormente, desenvolvido pelo MIT Media Lab. Com isso, surgiu toda uma área de investigação voltada ao *design* desses modelos de interação para os estudantes, tornando a cultura maker ainda mais acessível e adaptada ao cenário educacional.

---

[8] Disponível em: https://www.arduino.cc/. Acesso em: 31 ago. 2023.

CULTURA MAKER NA EDUCAÇÃO FORMAL

O fundador do Mundo Maker em São Paulo, Fábio Zsigmond, afirma que a aprendizagem "mão na massa", na educação formal, segue algumas correntes e destaca duas bastante importantes: a de que o "fazer" precisa incluir uma parte digital e a de que, para ser maker, basta que se construa algo significativo, com o objetivo de resolver problemas, sem necessariamente utilizar tecnologias e recorrendo a qualquer material ao alcance das mãos. Acompanhando os avanços nessa cultura nos últimos anos, como visto nas cinco tendências anteriormente detalhadas, não é difícil perceber que as duas correntes caminham juntas e permitem mais democratização desse movimento.

Zsigmond (2017) explica, ainda, que o mais complexo dessa cultura não é a construção do espaço em si, mas, sim, a atuação nele, que depende do fator humano. É difícil, de fato, transformar nosso pensamento tradicional de educação e inserir em sala de aula o trabalho com projetos, pela resolução de problemas ou por provocações. O professor, que se torna mediador, deve enxergar a transdisciplinaridade desse movimento e adicionar o conhecimento trazido pelo estudante ao processo de ensino-aprendizagem.

Sala Mundo Maker na Vila Madalena, em São Paulo.

DOCUMENTOS NORTEADORES

1. Base Nacional Comum Curricular, a BNCC

Aponte a câmera do celular para o QR Code e acesse a BNCC.

A BNCC define os conhecimentos e as habilidades essenciais à aprendizagem, ou seja, tudo aquilo que os estudantes têm o direito de aprender na educação básica brasileira. Isso significa que não importa a região, a raça ou a classe de um indivíduo: **todos devem aprender exatamente as mesmas coisas durante seu tempo na escola**.

Homologada no fim de 2017, a BNCC é obrigatória e está prevista na Lei de Diretrizes e Bases da Educação Nacional (LDB) e no Plano Nacional de Educação (PNE). Isso significa que os currículos de **todas** as escolas públicas e particulares precisam usar essa base comum como referencial na construção de seus programas.

Quando se fala em movimento maker na educação, a BNCC (2018) orienta, na competência geral 5, a formar cidadãos capazes de **compreender, utilizar e criar tecnologias digitais de maneira consciente, crítica, significativa, reflexiva e ética**; já na competência geral 2, reforça a importância da escola ao contribuir para o pensamento crítico, científico e criativo, propiciando o trabalho investigativo para que se possa exercitar a imaginação e a criatividade, a partir, também, da elaboração de hipóteses, na busca de soluções para problemas.

As semelhanças da BNCC com a cultura maker são claras. A aprendizagem "mão na massa", resgatada por esse movimento, permite que o "aprender a fazer" promova a criação, a investigação, a resolução de problemas, o que estimula o pensamento "fora da caixa" e o uso de recursos para resolver essas questões. O maker é curioso, busca ajuda e troca com os colegas. É apaixonado por resolver problemas criando, o que prega a BNCC.

A **interdisciplinaridade**, a "conversa" entre as diferentes disciplinas, também é muito valorizada pela BNCC; é a peça-chave no movimento em direção à educação do século XXI, uma vez que, na resolução de problemas, conhecimentos de diversas áreas são demandados, e os estudantes retiram do papel aquilo que estudam exaustivamente para tornar reais suas ideias, desenvolvendo as próprias tecnologias, dispositivos e ferramentas, em projetos que os levam ao protagonismo.

2. Computação na educação básica como complemento à BNCC

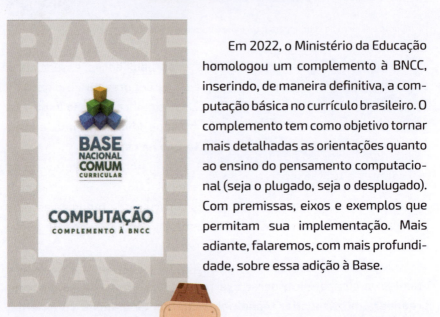

Em 2022, o Ministério da Educação homologou um complemento à BNCC, inserindo, de maneira definitiva, a computação básica no currículo brasileiro. O complemento tem como objetivo tornar mais detalhadas as orientações quanto ao ensino do pensamento computacional (seja o plugado, seja o desplugado). Com premissas, eixos e exemplos que permitam sua implementação. Mais adiante, falaremos, com mais profundidade, sobre essa adição à Base.

3. Política Nacional de Educação Digital (PNED)

Outro norteador bastante importante foi sancionado em janeiro de 2023, a Política Nacional de Educação Digital (PNDE), por meio da Lei nº 14.533, embora ainda não haja previsão para o início de sua implementação.

O objetivo da proposta é levar à educação básica competências digitais, que incluem o ensino de computação, robótica e programação, decorrentes da necessidade de inserir os indivíduos nesse mundo digital e no mercado de trabalho, além de estabelecer diretrizes de ampliação ao acesso às tecnologias – como previsto pela BNCC. São quatro os eixos nos quais essa política se apoia:

Fonte: elaborado pela autora.

Um dos eixos da política está direcionado à **educação digital para estudantes e professores**, em diálogo direto com a BNCC. Nesse tópico ligado à educação básica, são cinco os pontos englobados na formação dos estudantes (BRASIL, 2023):

1. Pensamento computacional, "que se refere à capacidade de compreender, analisar, definir, modelar, resolver, comparar e automatizar problemas e suas soluções de forma metódica e sistemática, por meio do desenvolvimento da capacidade de criar e adaptar algoritmos, com aplicação de fundamentos da computação para alavancar e aprimorar a aprendizagem e o pensamento criativo e crítico nas diversas áreas do conhecimento". A solução de problemas, aqui, está ligada intimamente aos fundamentos da computação – com ou sem o uso dos dispositivos tecnológicos.

2. Mundo digital, "que envolve a aprendizagem sobre hardware, como computadores, celulares e tablets, e sobre o ambiente digital baseado na internet, como sua arquitetura e aplicações". É o ensino mais direto das tecnologias digitais, relacionando seu uso, também, ao ambiente virtual.

3. Cultura digital, "que envolve aprendizagem destinada à participação consciente e democrática por meio das tecnologias digitais, o que pressupõe compreensão dos impactos da revolução digital e seus avanços na sociedade, a construção de atitude crítica, ética e responsável em relação à multiplicidade de ofertas midiáticas e digitais e os diferentes usos das tecnologias e dos conteúdos disponibilizados". É o uso ético, consciente, responsável e, claro, seguro das tecnologias.

4. Direitos digitais, "que envolve a conscientização a respeito dos direitos sobre o uso e o tratamento de dados pessoais, [...] a promoção da conectividade segura e a proteção dos dados da população mais vulnerável, em especial crianças e adolescentes". O mundo da internet tem suas vantagens, mas também seus perigos. Por isso, é necessário ensinar sobre a exposição de dados e a segurança nesses espaços, a fim de que o uso seja, ao mesmo tempo, consciente e responsável.

5. Tecnologia assistiva, "que engloba produtos, recursos, metodologias, estratégias, práticas e serviços que objetivam promover a funcionalidade e a aprendizagem, com foco na inclusão de pessoas com deficiência ou mobilidade reduzida". É a PNED levando a inclusão à aprendizagem digital.

O eixo contempla, ainda, como estratégias prioritárias:

⚙ desenvolvimento de competências desses estudantes;

⚙ promoção de projetos e de práticas pedagógicas de acordo com o pensamento computacional e as tecnologias digitais;

⚙ construção e oferta de ferramentas de autodiagnóstico de competências digitais para professores e estudantes;

⚙ estímulo ao interesse e ao crescimento no desenvolvimento dessas competências;

⚙ adoção de critérios de acessibilidade e inclusão de estudantes com deficiência;

⚙ promoção de cursos de extensão, graduação e pós-graduação aplicados ao setor produtivo;

⚙ incentivo a parcerias e acordos de cooperação;

⚙ monitoramento das condições de acesso à internet no ensino público;

⚙ formação de professores no que diz respeito às competências digitais e ao seu uso, envolvendo, também, o ensino de robótica e o letramento digital;

⚙ inserção das tecnologias como ferramenta e conteúdo da formação continuada de gestores e de profissionais da área, em todos os níveis e modalidades de ensino.

Tudo isso precisa ser coerente com a BNCC e suas diretrizes, a fim de que se leve em consideração aquilo que já foi desenhado para as diferentes etapas da educação básica.

A seguir, veremos que a cultura maker está intimamente ligada a essas diretrizes; entretanto, com base no que já conhecemos, é possível identificar que a educação digital depende, de maneira prática, de uma cultura que envolva a criatividade, o protagonismo, o compartilhamento e a "mão na massa", características importantes desse movimento.

A CULTURA MAKER NA PRÁTICA

Com projetos tão inovadores e estudantes interessados, parece ser fácil transformar vários ambientes da escola em espaços maker, mas nada é tão fácil assim. Os desafios são muitos, e podemos criar caminhos para alguns deles.

A infraestrutura é um dos desafios. Construir ambientes que proporcionem aprendizagem maker significativa envolve mais que ter uma sala adaptável, por exemplo, aos trabalhos em equipe – com mesas colaborativas e muitas cadeiras. É importante ter ferramentas que permitam a construção de inúmeros projetos, levando em consideração, claro, o uso das tecnologias. Além disso, é essencial ter dispositivos digitais que favoreçam a pesquisa e a elaboração de materiais e incentivem a criatividade dos estudantes.

Sala de um dos Ginásios Experimentais Tecnológicos (GETs) lançados pela Secretaria Municipal de Educação do Rio de Janeiro. Fonte: site da Secretaria de Municipal de Educação do Rio.

A própria formação de professores é um obstáculo. Conhecer a cultura maker é apenas o primeiro passo. Se os educadores são mediadores nesse processo, é importante que conheçam as diferentes ferramentas usadas, saibam utilizá-las e, principalmente, orientar seu uso. É essencial ainda que, além da tradicional exposição de conteúdos, os educadores consigam aplicar as disciplinas por meio do "aprender fazendo", de modo que os estudantes vejam essa aplicação acontecendo e saibam como fazê-la.

A professora Débora Garofalo, em sala de aula, praticando a cultura maker com seus estudantes. Fonte: arquivo pessoal.

Essa relação com os conteúdos é outro desafio. Não é fácil, em um primeiro olhar, integrar algumas disciplinas à cultura maker. É importante que haja exercício constante, que treine o olhar do educador e do estudante para que se enxergue a resolução do problema e as etapas de cada projeto do ponto de vista interdisciplinar. Para isso, há vários portais que indicam atividades e caminhos interdisciplinares com base na educação maker, como a Rede Brasileira de Aprendizagem Criativa (RBAC)[9].

No fim deste livro, mostraremos algumas experiências interessantes que, com certeza, poderão inspirar a adoção desse movimento em várias áreas da educação básica.

SAIBA MAIS

As escolas estaduais em Barueri, em São Paulo estão abrindo espaços maker para seus estudantes. Aponte a câmera do celular para o QR Code e conheça o Centro de Inovação da Educação Básica Paulista.

[9] Disponível em: https://aprendizagemcriativa.org/. Acesso em: 31 ago. 2023.

PROFESSOR DESIGNER

É comum que as pessoas se questionem sobre o papel do professor em toda essa cultura. E a chave para compreender esse papel é um dos pilares do movimento maker: o ambiente **colaborativo**. O "faça você mesmo" permite mais interação entre estudantes e professores no processo de ensino-aprendizagem, e tanto o ambiente de aprendizagem quanto as metodologias ativas – sobre as quais falaremos mais adiante – são essenciais nessa aproximação.

Retomando as ideias de Paulo Freire, aqui o professor deixa de ser apenas o transmissor do conhecimento, como na clássica educação bancária criticada pelo educador, e passa a assumir o papel de **mediador**, parceiro na corrida em direção ao conhecimento, já que, com o estudante, dialoga, testa hipóteses. Por isso é tão fácil trabalhar a cultura maker de modo interdisciplinar, usando vários conteúdos, e transdisciplinar, além dos conteúdos ensinados.

Nesse sentido, você já ouviu o termo **professor designer**? Essa perspectiva está ligada ao *tinkering* (que, em português, significa "explorar livremente ideias e materiais"). O *tinkering* é uma prática experimental, na qual a pessoa cria e se avalia o tempo inteiro no processo, levando em consideração suas metas e seus objetivos. Nessa abordagem, antes de idealizar os projetos em si, exploram-se os materiais disponíveis; assim é possível testar estratégias e *designs* antes de realizar uma versão final. E essa característica está bem próxima da cultura maker.

O professor, em uma abordagem *tinkering*, recebe o nome de **designer**. Uma vez que o termo *design* deriva do latim *designare*, que significa "desenvolver", "projetar", "conceber", esse educador pode ser entendido como um criador, um inventor. É ele quem põe em prática projetos integradores, interdisciplinares, integrando as novas tecnologias e tendências à educação – como a cultura maker.

Nesse sentido, o professor *designer* assume papel de responsável pelas experiências de aprendizagem, usando as metodologias ativas e outras abordagens para promover o ensino e a obtenção de conteúdo. É ele quem media conflitos, subjetividades e saberes,

O professor é essencial na construção de uma cultura de protagonismo e inventividade em sala de aula.
Fonte: Prefeitura Municipal de Curitiba.

além de favorecer a manutenção dos mobiliários, a criação de atividades, o cuidado com materiais, insumos e recursos. Promove o pensamento flexível, a autonomia e o protagonismo do estudante, contribuindo para a autorregulação, a autoavaliação e o trabalho colaborativo. O professor designer, então, alimenta a criatividade e a inventividade dos estudantes, levando em consideração as situações cotidianas e as relações afetivas e socioemocionais.

Retomando Paulo Freire mais uma vez, nesse processo, é impossível não colocar o professor designer, também, como aprendente. O educador é, igualmente, investigador, curioso, além de atuar de maneira disciplinar na construção e na testagem de hipóteses. Aguçando essa aprendizagem criativa, ele guia os estudantes na construção de soluções para os problemas desenhados. O professor designer, então, usa as metodologias ativas para criar, inventar e desenvolver propostas de acordo com o contexto e as necessidades daquele meio, com os recursos disponíveis e os interesses dos estudantes. É uma prática constante de experimentação **do que** e de **como** fazer, com base nas metodologias ativas, sobre as quais falaremos a seguir.

METODOLOGIAS ATIVAS E A CULTURA MAKER

Quando o assunto é o protagonismo do estudante, essencial na introdução do movimento maker na educação, é impossível não falar sobre as **metodologias ativas**. São elas as responsáveis por colocar o estudante no centro da construção das atividades, promovendo aprendizagem significativa.

Segundo José Manuel Moran (2015), professor e pesquisador na área da inovação em educação, as metodologias ativas representam "um espaço estendido, uma sala de aula ampliada, que se mescla, hibridiza constantemente". Elas permitem que a educação formal aconteça não só na sala de aula física, mas também nos muitos espaços do cotidiano dos indivíduos, como os digitais. As tecnologias digitais móveis passam a fazer parte da comunicação do professor-mediador com os estudantes, enriquecendo a troca e a aprendizagem.

Assim, as metodologias ativas são parte indiscutível das práticas maker, uma vez que ambas estão ligadas a problemas reais, de modo que os estudantes, protagonistas no processo de ensino-aprendizagem, possam atuar na sua resolução. Os professores se planejam com base nas metodologias ativas; desse modo, as práticas podem ocorrer a partir da cultura maker. É um novo olhar que deixa de lado o estudante passivo, que só recebe o conteúdo, e valoriza sua atuação direta na pesquisa e na prática – e, consequentemente, na obtenção do conhecimento. O professor se torna mediador e desafia o estudante a resolver problemas, vivenciar o erro, realizar testes até acertar, experimentando diferentes caminhos, alternativas e soluções.

Moran comprova isso ao dizer que as metodologias ativas

[...] precisam acompanhar os objetivos pretendidos. Se queremos que os alunos sejam proativos, precisamos adotar metodologias em que os alunos se envolvam em atividades cada vez mais complexas, em que tenham que tomar decisões e avaliar os resultados, com apoio de materiais relevantes. Se queremos ser criativos, eles precisam experimentar inúmeras novas possibilidades de mostrar sua iniciativa (MORAN, 2015, p. 17).

Então, é papel do professor-mediador planejar atividades que envolvam o estudante não só no processo de decisão e de desenho dos objetivos como também – e principalmente – no processo de resolução dos problemas, desde a elaboração das etapas de pesquisa até a apresentação dos resultados.

▪▪▪▪▪◯ MODALIDADES DAS METODOLOGIAS ATIVAS

As metodologias ativas, de acordo com Moran (2015), são o início de todo avanço em direção à reelaboração de novas práticas. Por isso, é essencial conhecer suas modalidades e maneiras de aplicá-las. A seguir, conheceremos modalidades, definições e exemplos que podem apoiar o processo de planejamento da aprendizagem.

1. APRENDIZAGEM BASEADA EM PROBLEMAS – OU PROJECT BASED LEARNING (PBL), EM INGLÊS. Esse modelo de aprendizagem tem como objetivo a resolução colaborativa de desafios. Parte da exploração de soluções em um contexto específico de aprendizado, com a definição de um problema, por meio do qual são desenhadas etapas de resolução que, aos poucos, organizam o resultado final. Pode-se recorrer, aqui, ao uso de tecnologia e/ou de outros recursos, promovendo o desenvolvimento das habilidades de investigação, reflexão e criação diante de uma situação-problema.

Um exemplo de prática envolvendo PBL é o artigo "Viagens em Troia com Freire: a tecnologia como um agente de emancipação", de 2016, no qual o professor Blikstein explora o estudo de caso de uma oficina de três semanas aplicada em 2001 em uma escola municipal próxima a Heliópolis, em São Paulo, envolvendo o uso das tecnologias (inspirado em Papert), a teoria dos **temas geradores** (inspirada em Freire) e a resolução de uma situação-problema.

SAIBA MAIS

Os **temas geradores**, metodologia defendida por Paulo Freire em *Pedagogia do oprimido* (1968), adotam situações que cercam a realidade de estudantes e educadores. Esses temas geram reflexão para que os indivíduos possam tomar consciência dos problemas do entorno. A prática com os temas geradores, então, parte de algo presente no dia a dia dos educandos e do educador, estimulando a interpretação crítica do tema e a compreensão de conteúdos que possam ajudá-los a explicar aquela situação-problema. Em questões ambientais, por exemplo, pode-se pensar em temas como infraestrutura e saneamento, desmatamento, vetores e doenças, e, no caso do texto de Blikstein (2016), crise energética. Não é difícil ver como a cultura maker ganha seu espaço aqui, né?

Voltando à prática de Blikstein (2016), o tema gerador escolhido para a primeira oficina foi **economia de energia**, uma vez que, à época, São Paulo passava por uma grave crise energética. Caminhando pelas ruas, porém, a percepção dos estudantes foi diferente da que imaginavam: o problema encontrado não foi de economia de energia, mas de segurança:

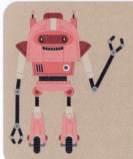

> [...] um dos alunos informou que a maioria das casas de Heliópolis tinha conexões elétricas ilegais (os chamados gatos) e que, portanto, não tinha nem medidores, nem contas de luz. Com a crise de energia, a companhia elétrica ficará menos tolerante com atrasos nos pagamentos das poucas conexões legais e passará a desconectá-las, aumentando o número de usuários de conexões ilegais. Os transformadores, sobrecarregados, muitas vezes se incendiavam, ocasionando acidentes desastrosos (BLIKSTEIN, 2016, p. 842).

Dessa problemática surgiu uma proposta inovadora: um grupo de estudantes decidiu criar um jornal e um documentário para mostrar à população o perigo das conexões ilegais, ensinando os moradores, inclusive, a fazerem conexões seguras. Essa decisão levou estudantes e educadores a pesquisarem, a reunirem informações com os moradores e a construírem um projeto baseado nessas observações, levando ao produto final pretendido.

Essa é a essência da aprendizagem baseada em problemas: identificar uma problemática cotidiana de estudantes e professores e, a partir dela, definir etapas que permitam, enfim, a identificação de uma solução (ou várias) para a situação-problema.

E já é possível imaginar como o movimento maker está presente aqui: não só no processo de elaboração do jornal e do documentário como também no planejamento das conexões seguras e no desenvolvimento de alternativas que pudessem ser compartilhadas com os moradores da comunidade, por meio das quais foi possível que os estudantes observassem, planejassem e criassem recursos e ferramentas para a solução de problemas daquele ambiente. É a cultura maker na prática.

2. APRENDIZAGEM BASEADA EM PROJETOS (ABP). Esse tipo de aprendizagem é totalmente fundamentado no PBL, que conhecemos anteriormente. Nele, os estudantes colocam, de fato, a "mão na massa", uma vez que é proposto que investiguem como chegar à resolução da situação identificada. No entanto, é importante ressaltar que um projeto exige planejamento, execução de etapas e elaboração de artefatos que apontem as etapas concluídas (como anotações, gravações ou até produtos físicos) e levem ao produto final – que no PBL é a solução em si.

Um exemplo de prática envolvendo a ABP é o da pesquisadora Débora Suzane Gomes Mendes, no artigo "Cultura maker no ensino superior: a produção de podcasts educativos como instrumento pedagógico mediador de aprendizagens significativas", de 2022. Mendes realizou uma atividade de produção de podcasts (programas de áudio que podem ser reproduzidos em dispositivos como celulares) no ensino de três disciplinas do curso de licenciatura em Pedagogia: Fundamentos e Metodologia da Educação Infantil, Letramento e Alfabetização.

A atividade envolveu a construção em grupo de um podcast de 15 minutos, no aplicativo Anchor,[10] com a finalidade de "informar, motivar, refletir sobre os conteúdos pedagógicos indicados" (Mendes, 2022, p. 8).

---

[10] Anchor é um software que permite a gravação e a edição de áudios para podcasts.

A ABP fica clara na definição das etapas que os estudantes foram orientados a seguir:

a) formar um grupo de trabalho; b) pesquisar o tema em sites e repositórios científicos; c) preencher o roteiro de planejamento do podcast; d) gravar o podcast (os alunos utilizaram o recurso do aplicativo Anchor de gravação em pares a distância devido à pandemia); e) publicar no Spotify[11]; f) depositar o roteiro de planejamento do podcast preenchido no Ambiente Virtual de Aprendizagem (AVA)[12]; g) postar o link do podcast produzido no grupo do WhatsApp da turma. Além disso, os alunos foram informados dos seguintes critérios avaliativos: a) criatividade na construção da capa, na dinâmica de apresentação do conteúdo e no trailer do podcast; b) exposição de informações e conhecimentos relevantes sobre os conteúdos; c) roteiro de planejamento do podcast elaborado de forma clara, objetiva e coerente com a proposta; d) publicação do podcast no Spotify; e) depósito do roteiro de planejamento do podcast no AVA; f) compartilhamento do link do podcast no grupo do WhatsApp da turma (MENDES, 2022, p. 8).

É perceptível que a definição de etapas não só permite aos estudantes planejarem e executarem o projeto, com pesquisa e colaboração, como também dá ao professor artefatos, provas de que os estudantes estão projetando aquilo que planejaram, o que facilita, também, a **análise**, a **avaliação** e, claro, o **feedback**. Os podcasts, então, representam excelente formato de aprendizagem baseada em projetos, que parte da organização e da execução de cada etapa, de maneira "mão na massa".

---

[11] Spotify é uma plataforma de streaming, ou seja, de reprodução, em tempo real, de produções artísticas – nesse caso, de músicas e podcasts.
[12] A sigla AVA faz referência aos Ambientes Virtuais de Aprendizagem, espaços nos quais é possível organizar conteúdos e aulas, favorecendo o ensino virtual. Exemplos de AVA mais usados, principalmente nas escolas e universidades brasileiras, são o Google Sala de Aula e o Moodle.

3. SALA DE AULA INVERTIDA (DO INGLÊS FLIPPED CLASSROOM). Nesse modelo de ensino, a maior parte das aulas expositivas, como é aplicado tradicionalmente o conteúdo, é substituída por extensões da sala de aula em outros ambientes, como em casa, bibliotecas públicas e salas de informática da própria escola. Aqui, o uso das tecnologias ajuda – e muito – nesse processo: pode-se, por exemplo, iniciar o ensino do estudante por vídeos, em casa, de modo que, na sala de aula, ele invista tempo na resolução de dúvidas e na prática de exercícios.

Um exemplo desse modelo é o site Nova Escola, que elaborou um infográfico de sugestão de atividade usando a sala de aula invertida no ensino da Matemática. Veja:

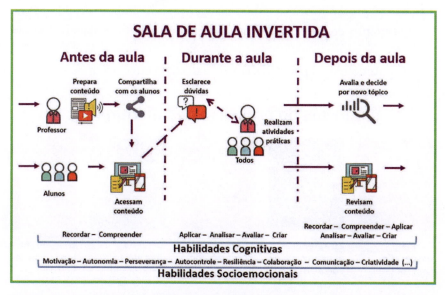

Fonte: https://novaescola.org.br/conteudo/19919/matematica-como-trabalhar-medidas-na-sala-de-aula-invertida. Acesso em: 31 ago. 2023.

Note que há uma preparação prévia, antes do momento em sala de aula, em que essa sala deixa de ser o espaço de exposição de conteúdo – já compartilhado pelos professores e acessado pelos estudantes em casa – e passa a ser o lugar de resolução de dúvidas e de atividades práticas, revisadas posteriormente pelos alunos. Isso estimula a autonomia, a disciplina, a comunicação, a criatividade, entre outras habilidades que investem no estudante-protagonista.

A sala de aula, então, ganha a possibilidade de ser o espaço do "fazer", essência da cultura maker, uma vez que os estudantes, já tendo pesquisado e compreendido as temáticas a serem praticadas, podem investir seu tempo em atividades práticas de construção, elaboração de projetos e, de fato, "mão na massa". O professor-mediador, aqui, é o responsável por resolver problemas, dúvidas e aparar arestas.

4. DESIGN THINKING. A metodologia do *design thinking* é usada na resolução de problemas e na idealização de projetos com base em ideias. É também conhecida como *aprendizagem investigativa*, tendo em vista que enfatiza a colaboração e desenvolve a empatia. Nela, os estudantes são não só protagonistas na aprendizagem como também produtores de conhecimento, deixando de ser os tradicionais receptores de informação.

A metodologia do *design thinking* é dividida em cinco etapas:

Fases do processo design thinking

1 DESCOBERTA	**2 INTERPRETAÇÃO**	**3 IDEAÇÃO**	**4 EXPERIMENTAÇÃO**	**5 EVOLUÇÃO**
Eu tenho um desafio. *Como posso abordá-lo?*	Eu aprendi alguma coisa. *Como posso interpretá-la?*	Eu vejo uma oportunidade. *Como posso criar?*	Eu tenho uma ideia. *Como posso concretizá-la?*	Eu experimentei uma coisa nova. *Como posso aprimorá-la?*

I. DESCOBERTA, também chamada **Empatia**. É a etapa em que são reconhecidos os desejos e as necessidades das pessoas envolvidas no problema. É a descoberta do desafio em si e como ele pode ser abordado. Na prática, os estudantes, que podem estar organizados em grupos, têm a oportunidade de, juntos, escolherem um problema real, a partir do qual desenvolverão uma solução criativa para ele, com uma atividade "mão na massa".

Uma ferramenta muito interessante e bastante utilizada nessa etapa é a dos **5 porquês**. Pelos "sintomas" de um problema, é possível reconhecer suas causas, em equipe, em uma espécie de investigação que ajudará a gerar *insights*, inspirações interessantes para sua resolução. É simples mesmo: com base no problema, pergunta-se "por quê?", e, a partir da primeira resposta, são colocados mais quatro porquês, em uma "escada" que levará o investigador até a raiz da questão.

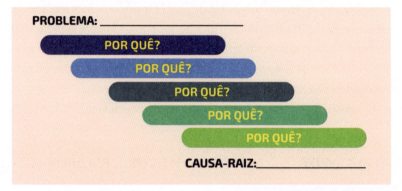

Fonte: elaborado pela autora, adaptado de Instituto Federal Farroupilha, 2020.

II. DEFINIÇÃO DO PROBLEMA, também conhecida como **Interpretação**. Aqui, os estudantes analisam as informações e as ideias desenhadas na etapa anterior, a fim de delimitar o problema. Na prática, coletam as experiências da etapa de **descoberta** e, em diálogo, colocam em questão as diferentes visões, percepções e opiniões para a definição da problemática em si.

O Instituto Federal Farroupilha (2020) apresenta uma Matriz de Definição de Problema que pode ser interessante para definir uma causa. São questões que alimentam o debate dos estudantes nesse processo: **Qual é a questão principal e por que ela é importante? Para quem isso é um problema? Quais consequências desse problema mais afetam as pessoas? Você consegue pensar nesse problema de maneira diferente? Que fatores sociais e culturais têm influência nesse problema? Em uma frase, é possível definir o problema?** Criar um diagrama e ou infográfico com os estudantes pode ajudá-los a visualizar essas questões e a formularem respostas a partir de um debate rico e que estimule o diálogo.

III. IDEAÇÃO. Aqui, encontra-se a solução para o problema, com a geração de ideias criativas e das ferramentas necessárias no processo de busca de solução. Os estudantes, na prática, debatem, reconhecem essas ideias e ferramentas e selecionam aquela que, de fato, será construída com a "mão na massa".

Os alunos podem recorrer a pesquisas, a reuniões de brainstorming, com geração de ideias em grupo, de maneira organizada, e também a uma Matriz denominada SWOT (do inglês, *Strengths* [Forças], *Weaknesses* [Fraquezas], *Opportunities* [Oportunidades], *Threats* [Ameaças]) que os ajudará a compreender o ambiente de construção da solução, a partir de fatores internos e externos que contribuem para o entendimento da possibilidade de essa ferramenta ter realmente sucesso – afinal, ela precisa ser viável, incluindo para planejamentos financeiros.

MATRIZ SWOT	FATORES POSITIVOS	FATORES NEGATIVOS
FATORES INTERNOS	FORÇAS	FRAQUEZAS
FATORES EXTERNOS	OPORTUNIDADES	AMEAÇAS

Fonte: Instituto Federal Farroupilha, 2020.

IV. PROTOTIPAÇÃO OU EXPERIMENTAÇÃO. Esta é a etapa de concretização das ideias, materializada em um protótipo. Na prática, a solução planejada e analisada é colocada em um resultado concreto, que poderá ser visualizado e validado. É o momento de colocar a "mão na massa"!

V. TESTE OU EVOLUÇÃO. É o momento de testar e validar aquilo que foi desenvolvido. É quando os estudantes avaliam o que foi feito, percebem o que pode ser aperfeiçoado e refinado, até que estejam exatamente prontos para solucionar o problema. A solução criada atende aos objetivos elencados no início do processo? O feedback, aqui, é **essencial**; por isso, dialogar também faz parte dessa etapa!

Nessa etapa, os alunos podem criar uma espécie de Matriz de Feedback, elencando nela *o que funcionou, se há novas ideias e oportunidades, se ficaram dúvidas na solução do problema e se há algo que pode ser melhorado*. É uma excelente maneira de perceber se a solução esperada foi alcançada.

SAIBA MAIS

No artigo "Design Thinking como aliado da educação", a professora Débora Garofalo aprofunda os conhecimentos a respeito dessa metodologia. Aponte a câmera do celular para o QR Code, para ler o artigo na íntegra.

5. ENSINO HÍBRIDO. O ensino híbrido tem relação bem próxima com a metodologia da sala de aula invertida, sobre a qual falamos anteriormente. Esse modelo recebe esse nome porque mescla aprendizagens presenciais (que podem ser aplicadas off-line) e virtuais, on-line. Alguns modelos são contemplados nesse método, entre eles a **rotação por estações**, a **rotação individual**, o **laboratório rotacional** e a própria **sala de aula invertida**. Com base neles, é possível aprofundar debates e personalizar o ensino.

A abordagem híbrida ganhou muito espaço, principalmente durante e depois da pandemia, com a introdução das possibilidades de ensino on-line em um momento de isolamento social. Ficou cada vez mais comum a prática de aproximar atividades presenciais, off-line, como a resolução de exercícios ou a elaboração de trabalhos, e atividades on-line, como as próprias aulas em vídeo. Depois do isolamento social, muitos professores passaram a adaptar seus conteúdos para esse modelo, aliando os conteúdos virtuais – até aulas complementares às da escola – aos encontros presenciais, que usavam o espaço e o tempo de aula, muitas vezes, especificamente para a resolução de exercícios e para os projetos "mão na massa".

A rotação por estações e a rotação individual permitem que se utilizem as tecnologias e as diferentes áreas de conhecimento como modo de tornar a aprendizagem mais dinâmica, levando o estudante a pesquisar, mergulhar na busca pelo conhecimento e aplicar aos seus projetos aquilo que passa a conhecer.

O modelo de rotação por estações permite aos estudantes acessarem diferentes áreas da aprendizagem, a partir da conexão à internet, da utilização de ferramentas, da escuta e até da brincadeira.
Fonte: https://www.clipescola.com/rotacao-por-estacoes/. Acesso em: 31 ago. 2023.

SAIBA MAIS

Aponte a câmera do celular para o QR Code e leia o artigo "Como o ensino híbrido pode contribuir com o retorno das aulas presenciais", da professora Débora Garofalo, que contribuirá para colocar em prática essa metodologia.

As metodologias ativas também são resultado de uma pedagogia formulada com base na pergunta. A ideia é estimular a construção de sentido a partir de questões-chave, da elaboração de uma questão-problema e da formulação de etapas – on-line ou off-line – que levem à construção do conhecimento.

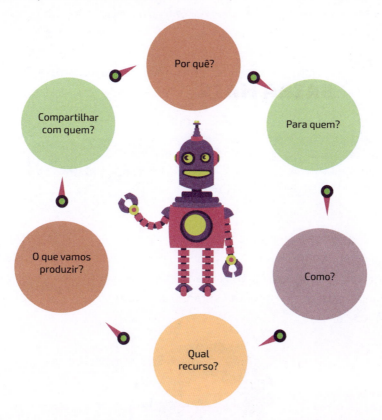

Fonte: elaborado pela autora.

Essa aprendizagem com base nas perguntas e na testagem abre espaço, ainda, para o erro – e isso é **essencial**! O envolvimento dos estudantes no processo e os acertos e erros nessa caminhada ampliam a aprendizagem. Tentar, errar, tentar de novo, refletir, repensar até acertar; tudo isso faz parte do processo e o torna mais significativo, além de ensinar o estudante a ser flexível diante dos obstáculos e a não desistir quando eles aparecerem.

A resolução de questões-chave ou de problemas também ajuda a resgatar o lúdico na aprendizagem, além de desenvolver a inovação e a inventividade. O movimento maker, aqui, ganha muito mais espaço, uma vez que o estudante pode criar soluções, com base na própria pesquisa, para problemas que, inclusive, não existiam antes. Não é difícil imaginar a satisfação de um estudante ao encontrar uma solução que ninguém encontrou antes, não é mesmo?

SAIBA MAIS

Para aprofundar os conhecimentos a respeito das metodologias ativas, a professora Lilian Bacich escreveu o artigo "Metodologias ativas: desafios e possibilidades". Para lê-lo, aponte a câmera do celular para o QR Code.

Vimos como as metodologias ativas potencializam e personalizam o ensino. Agora, vamos conhecer um pouco mais, por meio de um relato de experiência do professor João Fernando Costa Junior,[13] como essas metodologias caminham com uma aprendizagem significativa no contexto universitário.

---

[13] Professor universitário e consultor em Tecnologias Educacionais e EAD. Doutorando em Ciências da Educação, mestre em Ciências da Educação, especialista em Informática em Educação, Gestão de EAD, Educação a Distância 4.0 e Docência no ensino superior e técnico. Licenciado em Pedagogia e bacharel em Administração.

PROJETOS PARA O ENSINO BÁSICO E SUPERIOR DO PROFESSOR JOÃO FERNANDO COSTA JÚNIOR

Lidar com metodologias ativas no cotidiano escolar pode ser, para alguns, um desafio. Para outros, no entanto, tal contexto tende a trazer inúmeras vantagens e boas experiências. Fico feliz em dizer que faço parte do segundo grupo.

O mais curioso é que o uso das metodologias ativas costuma ser mais notado no ensino fundamental e médio. Pois bem, minha experiência ocorreu no ensino superior, nos cursos de Engenharia Elétrica, Administração e Ciências Contábeis, em uma instituição do estado do Espírito Santo. O perfil de estudante desses cursos (que era do turno noturno) acabava por me instigar ainda mais a utilizar uma dessas metodologias, a qual explicarei a seguir.

O estudante do ensino superior noturno normalmente é aquele que não tem tempo de estudar durante o dia, por horas a fio. Isso porque, das 8h às 17h, ele está trabalhando. O aprendizado ocorrerá, portanto, em sala de aula. Então, como lidar com essa condição?

À primeira vista, parece que não há o que fazer, pelo menos no que se refere à implementação dessas novas metodologias que costumam, inclusive, esperar que o estudante tire parte do estudo para ser feito em casa, de modo que, ao chegar à sala, já esteja minimamente apto a dar andamento à construção do conhecimento, esclarecendo dúvidas com o professor, que fará o papel de tutor. Mas e se o estudante não conseguir esse tempo antes da aula para ler os conteúdos? Como dar andamento à condução das aulas se o estudante chega à sala sem ter lido o material da maneira ideal, como se esperava?

A aprendizagem por projetos, nesse caso, funcionou muito bem. Isso porque parte da estrutura de conhecimento prévio necessária fora estudada em outras disciplinas. Os estudantes que já traziam os conhecimentos de outros períodos (levando-se em consideração a condição daquele momento, no ensino superior) conseguiam, naturalmente, criar conexões muito mais sólidas com os novos conhecimentos, tornando o aprendizado muito mais dinâmico e real.

Ao desenvolver projetos, os estudantes que já estão no mercado de trabalho conseguem até traçar paralelos com experiências vivenciadas nas respectivas empresas. Isso é útil, inclusive, para que essa dinâmica seja copiada e colocada em prática fora da empresa, na vida pessoal. Se o aprendizado chegar a esse ponto, penso que teremos atingido um dos principais objetivos como educadores: marcar, de algum modo, a vida dos estudantes.

David Ausubel (1918-2008), psicólogo da educação norte-americano, esclarece que a aprendizagem, para ocorrer de fato, deve fazer sentido para o estudante. O conhecimento é construído com base na experiência anterior que o estudante traz consigo, e, por meio dela (e sob ela) são desenvolvidos nossos saberes. Ao se trabalhar com projetos, consegue-se colocar em prática, naturalmente, tal método, uma vez que os adultos, de certo modo, trazem consigo uma bagagem de vida que pode ser uma excelente fonte para novos conhecimentos. Quando esse conhecimento é colocado em prática por meio da aprendizagem colaborativa, tudo faz ainda mais sentido.

AMBIENTE DE APRENDIZAGEM

Além de usarmos metodologias diferenciadas, é necessário que o espaço seja planejado e ambientado para estímulo ao movimento maker. Ele deve ser inspirador e, claro, facilitar o processo de construção do conhecimento. Como já vimos, criar um espaço como esse em uma escola envolve muitos desafios – inclusive financeiros

Espaço maker em uma das escolas da cidade de Barueri. Fonte: Secretaria de Educação de Barueri.

–, mas a implementação de um ambiente inovador pode começar na própria organização da aula e das atividades, o que é papel do professor-mediador.

Para criar um ambiente inovador, é essencial **permitir a participação das pessoas envolvidas**, para que haja contribuição, compartilhamento, dando aos estudantes a percepção de que são **protagonistas**. Só esse pensamento já é um bom começo nessa trajetória de inovação.

Do ponto de vista da estrutura, é importante que o espaço esteja organizado de modo que as mesas coletivas estejam no centro, e os recursos – ferramentas, máquinas e outros materiais –, nas periferias (nas paredes), para que estudantes e professores possam ter visão ampla e integrada do todo.

Essa não é uma tarefa difícil, que demande tantos materiais novos: com mesas, cadeiras e materiais já utilizados, é possível investir nesse ambiente. Pode-se, por exemplo, agrupar mesas e cadeiras para favorecer a colaboração; aproveitar madeiras usadas de portas e carteiras velhas como materiais; disponibilizar caixas organizadoras para distribuir os materiais, entre outras medidas. O maior obstáculo, nesse caso, é a mudança de cultura, de atitude daqueles envolvidos no processo, sejam professores, gestores ou estudantes.

PROGRAMAÇÃO

O ÁBACO E O TEAR PROGRAMÁVEL: A ORIGEM DO PENSAMENTO PROGRAMADO

Como vimos, a cultura maker é a porta de entrada para potencializar muitos aprendizados, que têm início de maneira desplugada, com atividades concretas, evoluindo para atividades plugadas. Para entendermos isso, vamos mergulhar na linguagem de programação.

É bem provável que grande parte dos estudantes brasileiros de gerações anteriores às calculadoras tenham conhecido e utilizado o ábaco. A ferramenta foi criada há muito tempo, com o objetivo de facilitar cálculos mais complexos, investindo no uso mais pragmático da matemática, voltada, cada vez mais, ao dia a dia.

Ábaco de madeira bastante antigo.

Fonte: Nidnids/Shutterstock.com

O ábaco foi uma das ferramentas que deram origem ao que conhecemos como **pensamento computacional**; afinal, planejar cálculos, etapa por etapa, também significa programar. A programação, como a conhecemos e sobre a qual ainda conheceremos mais, é responsável pela organização de etapas que permitem a construção de um resultado final, seja ele físico – como quando precisamos arrumar uma mochila para a escola –, seja ele virtual – por exemplo, na formulação de uma página na internet. Isso parte do que entendemos como pensamento computacional, e sua origem tem espaço na própria construção dos computadores. Com o tempo, os avanços em direção aos comandos nos computadores permitiram ainda mais a padronização de ações e, consequentemente, a agilização dos processos, o que nos trouxe até as tecnologias atuais.

Mas vamos voltar no tempo. No início do século XIX, o tear programável Jacquard foi criado pelo mecânico francês Joseph-Marie Jacquard (1752-1834). A máquina fazia cortes de tecido muito precisos, específicos, e naturalmente era mais ágil que o trabalho dos alfaiates. No aparelho, cartões com perfurações eram inseridos e formavam diferentes combinações, que, quando traduzidas pelo sistema, processavam aquilo que era esperado.

Fonte: https://www.stylourbano.com.br/o-tear-jacquard-nao-so-revolucionou-a-industria-textil-mas-foi-o-primeiro-computador-do-mundo/

Tear programável, revolução na indústria têxtil e o primeiro computador do mundo.

A PROGRAMAÇÃO TEM "MÃE"

Faltava apenas facilitar alguns comandos para que os sistemas, como os conhecemos, pudessem ter seu caminho traçado. Algum tempo depois da invenção têxtil, Ada Lovelace (1815-1852), matemática britânica conhecida como a "mãe da computação", escreveu o primeiro algoritmo que poderia ser lido por um mecanismo, ou seja, a primeira linguagem de programação.

SAIBA MAIS

Você sabia que existe um "Dia Ada Lovelace"? Filha do poeta britânico Lorde Byron (1788-1824), um dos expoentes do Romantismo, a matemática nascida em 1815 foi reconhecida nas pesquisas de Alan Turing (1912-1954), o "pai da computação moderna", como a primeira programadora da história. Em homenagem a ela, o Departamento de Defesa dos Estados Unidos formalizou, em 1980, a linguagem de programação Ada, e a Associação de Mulheres na Computação e a Associação Britânica de Computação criaram prêmios com seu nome.

Ainda jovem – Ada morreu aos 36 anos de idade –, Lovelace interessou-se pelos trabalhos ligados à linguagem de máquina e, ao traduzir artigos de um matemático italiano sobre a máquina analítica, acrescentou notas de autoria própria que, no futuro, deram origem a um algoritmo criado para ser aplicado em máquinas. As notas só foram publicadas após mais de cem anos de sua morte, mas o reconhecimento do trabalho de Lovelace deu a ela o título de primeira programadora da história, pois suas anotações foram vistas como pioneiras na descrição de um software. Seu dia é comemorado em toda segunda terça-feira de outubro, desde 2009.

Fonte: https://www.techtudo.com.br/guia/2023/07/quem-foi-ada-lovelace-veja-historia-da-primeira-programadora-do-mundo-edinfoeletro.ghtml

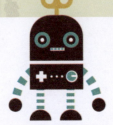

Depois da publicação do algoritmo de Ada, foi criado um sistema de representações baseado em dois números: 0 e 1. Nascia o famoso *código binário*, usado até hoje em todos os computadores e sobre o qual falaremos a seguir.

De início, até perto da metade do século XX, as linguagens de programação eram, na maioria, utilizadas para a resolução de problemas matemáticos, e, ainda durante a Segunda Guerra Mundial, foi criado o código mais próximo ao que temos hoje, o Plankalkül, desenvolvido para o exército nazista se comunicar com suas tropas. Naturalmente, pelo caráter bélico entre tropas e lideranças nazistas, seu uso não foi tão divulgado. A Máquina de Turing, criada pelo matemático britânico Alan Turing, é também bastante conhecida e foi usada para decifrar os códigos que a frota naval alemã lançava para planejar ataques. Estudos apontam que essa tecnologia precedeu a inteligência artificial, um dos assuntos mais debatidos atualmente no campo das tecnologias.

SAIBA MAIS

O filme *O jogo da imitação* conta a trajetória do matemático britânico Alan Turing e de todos os obstáculos encontrados na criação da máquina que seria utilizada durante os conflitos com a Alemanha, na guerra. Aponte a câmera do celular para o QR Code e veja o trailer legendado, no YouTube! Vale assistir ao filme e conhecer um pouco dessa história repleta de debates importantes.

Fonte: https://pt.wikipedia.org/wiki/O_Jogo_da_Imita%C3%A7%C3%A3o

51

Com o início da comercialização da internet, após muitas outras linguagens pensadas para facilitar a integração entre o sistema e o usuário dos computadores, os *websites* passaram a exigir uma comunicação ainda mais simples com aqueles que acessavam as páginas. Surgiu daí a linguagem em Java, que interpreta os igualmente famosos códigos HTML. Depois disso, o caminho tornou-se mais fácil e ágil: surgiram a PHP, a Python, a Swift[14] e várias outras linguagens, adaptadas a dispositivos e a necessidades diferentes.

A linguagem mais famosa hoje, porém, e a que se adapta a mais dispositivos, é a Javascript. Com ela, as páginas são mais interativas, permitem mudanças com mais facilidade e têm leitura e aplicação mais simples, o que favorece – e muito! – seu uso na educação!

NÚMEROS BINÁRIOS

O sistema binário (*bi* = dois; *nário* = número) é uma linguagem utilizada pelas máquinas no processo de interpretação das informações e na execução das ações. Como o nome revela, é composto por dois números: **0** e **1**. Isso significa que, diferentemente dos seres humanos, o computador não interpreta letras ou dígitos: lê sinais elétricos, como "sim" e "não", representados pela existência ou inexistência de corrente elétrica, o que fica claro com esses dois números, usados em todos os comandos, em todos os dados, em todas as cores, em todas as informações executadas pelas máquinas, por meio de uma sequência lado a lado.

Por causa da quantidade de dedos que temos nas mãos, fomos acostumados, naturalmente, a utilizar o sistema **decimal**, formado pelos números de 0 a 9. Entretanto, nos computadores, o sistema que impera é esse **binário**, no qual os números são armazenados em grupos. É como um alfabeto composto por apenas esses dois dígitos.

---

[14] A linguagem em PHP é voltada ao desenvolvimento de aplicações para a internet e a criação de sites. É bastante popular, sobretudo pelo fato de ser uma linguagem em código aberto. Python, por sua vez, é uma linguagem que permite desenvolver aplicações para games, desktops, web e dispositivos móveis – ou seja, é multiplataforma –, além de ser de fácil comunicação com aplicações desenvolvidas em outras linguagens. A Swift responde em tempo real e pode ser agregada a outros códigos existentes; é mais segura, confiável e prática, o que permite uma experiência mais fluida e rica com os aplicativos.

Essa linguagem foi vista pela primeira vez por volta do século III a.C., na Índia. O matemático Pingala descreveu um sistema numérico em que representava os números 1, 2, 3, 4, 5, 6, 7 e 8 usando apenas os dois dígitos famosos no código binário: 001, 010, 011, 100, 101, 110, 111 e 1000, respectivamente. Esse sistema, porém, só foi documentado no século XVIII, quando Gottfried Leibniz (1646-1716) o utilizou em um artigo chamado "Explication de l'Arithmétique Binaire" (Explicação da aritmética binária, em português). E esse foi o início de uma série de estudos usando esses dois únicos números.

O dígito binário, conhecido como **1 bit**, é a menor unidade de informação de uma máquina. O **byte**, por sua vez, é o grupo, a soma de **8 bits**, reunidos para facilitar o envio de informações ao computador. Hoje, ainda há o **kilobyte** (8.192 bits), o **megabyte** (8.388.608 bits), o **gigabyte** (8.589.934.592) e o **terabyte** (8.796.093.022.208). Os diferentes grupos e sequências de valores permitem interpretação mais fácil pelas máquinas, o que torna seu uso mais acessível (até em termos de custos), pois as memórias se tornam mais fáceis de serem desenvolvidas – afinal, é mais fácil organizar e guardar sequências de 2 valores em vez de 10, como no nosso sistema decimal. As operações, então, se tornam mais simples e objetivas, facilitando a construção e o funcionamento dos sistemas da máquina.

É possível decifrar o código binário, seja para texto, seja para números. Hoje, existem vários conversores que facilitam essa tradução; entretanto, em uma rotina de desenvolvimento, não é necessário fazer essas conversões. De qualquer modo, saber como funciona esse código ajuda a entender o funcionamento da tradução, do processamento e da execução de informações para aproveitar recursos e perceber *bugs* (erros nos códigos). O mais importante é saber que o sistema binário não foi uma loucura inventada para deixar todo o desenvolvimento mais difícil; ao contrário, seu objetivo é facilitar o funcionamento da máquina e permitir que tenhamos acesso a cada vez mais dispositivos e informações diferentes, como temos atualmente. Afinal, o computador tem muito mais facilidade – e, consequentemente, rapidez – ao ler "01001111 01101001 00101100 00100000 01100010 01101111 01101101 00100000 01100100 01101001 01100001 00101110 00001010 00100000" do que ao tentar ler "Oi, bom dia.".

AS PRINCIPAIS LINGUAGENS DE PROGRAMAÇÃO

As linguagens de programação são um conjunto de instruções organizadas para que programas sejam gerados e funcionem em uma máquina. Essa linguagem estruturada, como um texto, forma aquilo que chamamos de **código-fonte** de um programa. A diferença, aqui, é que a linguagem de programação é mais produtiva que o uso do código de máquina, que vimos antes, e gera as instruções que o dispositivo já entende de fábrica.

As linguagens têm níveis considerados altos e baixos. O código binário é considerado de baixo nível, tendo em vista que é constituído por comandos mais complexos. Ainda que tenhamos dito, no tópico anterior, que o código binário é mais fácil que o sistema decimal, os números binários organizados ainda são mais difíceis para a máquina e os programadores entenderem do que as linguagens de alto nível, que se aproximam, inclusive, do modo de o ser humano se comunicar. São inúmeras as linguagens usadas hoje, das mais famosas às mais raras; as mais populares são **Javascript**, **Python**, **Java**, **PHP**, **CSS**, **C#**, **C++** e **C**, e cada uma delas tem suas vantagens e desvantagens.

Como dissemos anteriormente, a linguagem mais famosa, certamente, é a **Javascript**, sobretudo para o desenvolvimento de jogos; entretanto, a programação em **Python** também é muito conhecida pela legibilidade, já que utiliza palavras-chave em inglês e evita caracteres como chaves e colchetes em sua construção. A linguagem **PHP** pode ser usada para o controle de drones, e o **CSS** é uma linguagem de estilo, que atua na construção da representação visual de um documento.

Exemplo de código-fonte bastante complexo.

Fonte: https://olhardigital.com.br/2020/10/05/noticias/apos-decadas-java-esta-prestes-a-ser-superado-por-python-em-popularidade/

SAIBA MAIS

Aponte a câmera do celular para o QR Code e assista à exposição do professor Gustavo Guanabara, em formato de linha do tempo, de toda a história das diferentes linguagens de programação, com explicação bastante didática e completa de cada uma delas.

A PROGRAMAÇÃO PARTE DO PENSAMENTO COMPUTACIONAL

Para entender a fundo o pensamento computacional, dentro e fora da educação, é importante partir de seus três pilares: **abstração**, **automação** e **análise**. Além disso, é preciso entender o próprio conceito de computação, que tem como um de seus objetivos "raciocinar sobre o raciocínio" (Ribeiro, Foss & Costa Cavalheiro, *in* Raabe, Zorzo & Blikstein, 2020, p. 16). Para os autores, trata-se de um raciocínio lógico organizado, racionalizado, regrado de transformação de entradas em uma saída – por exemplo, na transformação de ingredientes em um bolo. A descrição desse processo deve ser clara, o que relaciona diretamente a computação à matemática, embora com foco nos processos, não nos cálculos.

Voltando aos pilares do pensamento computacional, cabe detalhá-los, com base em Ribeiro, Foss & Costa Cavalheiro (Raabe, Zorzo & Blikstein, 2020):

I. A ABSTRAÇÃO consiste nas representações necessárias para os dados e os processos, assim como nas técnicas de construção de soluções, de **algoritmos**. É ela a responsável pela simplificação da realidade e pela visualização dos aspectos do problema e de sua solução. Afinal, se usamos números em boa parte do que fazemos para representar informações, com as máquinas não poderia ser diferente. De acordo com os autores, a abstração compreende os **dados**, que permitem descrever o que está

55

envolvido na solução de um problema; os **processos**, que permitem definir os algoritmos que desenham a solução para um problema; e as **técnicas de construção de algoritmos**, que permitem, em si, a construção da solução para os problemas.

II. A **ANÁLISE** compreende as técnicas de análise dos algoritmos em relação à correção e à eficiência, com base em diferentes aspectos. Ela pode ser feita a partir da **viabilidade** (da possibilidade de encontrar uma solução para um problema), da **correção** (de modo que se verifique se o que foi construído é, de fato, o algoritmo que solucionará o problema); e da **eficiência** (de forma que seja possível avaliar a efetividade do algoritmo desenvolvido).

III. A **AUTOMAÇÃO** é a mecanização das soluções (ou das partes de uma solução), de modo que as máquinas possam ser capazes de ajudar na solução dos problemas. Enquanto a abstração permite que se encontre e descreva um modelo de solução para o problema, a automação é a responsável por mecanizar todas as tarefas (ou parte delas) da solução. Para isso, é importante escolher a **máquina** a ser utilizada nessa automatização, como computadores, a **linguagem** a ser aplicada no processo e a **modelagem computacional**, modelos que permitirão testar e validar a solução tomando como base a simulação de sistemas reais.

É importante dizer que esses conceitos são usados, de fato, na prática de programação; entretanto, aplicá-los à educação não é impossível, como já vimos e ainda veremos nas próprias definições da BNCC. Planejar, estruturar a solução de problemas, entender que mecanismos podem ser utilizados e definir modelos de testagem são etapas que podem ser desenvolvidas em diversas áreas, promovendo a aprendizagem a partir da busca e do desenho das soluções. E isso é parte essencial do movimento maker.

A COMPUTAÇÃO E A EDUCAÇÃO: O COMPLEMENTO À BNCC

Em 2022, o Ministério da Educação homologou o parecer CNE/CEB nº 2, que institui normas para definir o **ensino de computação básica** no Brasil. Ainda que a BNCC traga o uso das tecnologias como uma das dez competências básicas, bem como a importância da inclusão digital como essencial à aprendizagem, o MEC, agora, percebeu necessária a definição de normas sobre o ensino da computação como complementação à BNCC, já consolidada.

De acordo com o Complemento (BRASIL, 2022), "a Computação permite **explorar e vivenciar experiências**, sempre movidas pela ludicidade por meio da **interação com seus pares**". Mais uma vez, a semelhança com a cultura maker é clara: se o ensino da computação na educação básica investe na exploração, na pesquisa e, acima de tudo, na colaboração, o movimento que estamos discutindo é essencial na construção desse currículo.

Na educação infantil, por exemplo, brincar com objetos e, com isso, testar algoritmos e os conceitos de programação são um modo de introduzir o pensamento computacional na cultura das crianças. No ensino fundamental, é possível trabalhar a conceituação básica de computação como área de conhecimento importante para o desenvolvimento da sociedade, bem como o papel do estudante como agente ativo nessa transformação. No ensino médio, com os estudantes "mais velhos", trabalhar projetos de investigação e a construção de soluções a partir da articulação de conceitos, experiências e procedimentos, usando a linguagem da computação de maneira compartilhada, levando em consideração as diferentes ferramentas disponíveis, é interessante no processo de ensino-aprendizagem. Tudo isso envolve construção, criação, sustentabilidade e colaboração. Tudo isso envolve a cultura maker.

UMA OBSERVAÇÃO SOBRE O PENSAMENTO COMPUTACIONAL NA EDUCAÇÃO

Mas atenção: falar sobre pensamento computacional não é falar apenas sobre o uso de códigos e sobre computadores. Apesar de aplicarmos essa mentalidade à programação em si, pensar na resolução de problemas tomando como base principalmente a matemática também é uma maneira de aplicar o pensamento computacional.

Se um educador discute com seus estudantes pequenos, por exemplo, o passo a passo para organizarem o material para a aula do dia seguinte – levando em consideração os conteúdos que serão ensinados, os trabalhos que precisam ser levados, os materiais necessários à aula –, está desenvolvendo com eles o pensamento computacional. Se a ideia é projetar algum objeto, a partir de um trabalho de projeto que envolva etapas, passando pelo planejamento, pela compra dos materiais e chegando à construção de fato, ele está desenvolvendo com seus alunos esse pensamento. Se a ideia é criar um aplicativo para um smartphone, está trabalhando também, é claro, o pensamento computacional.

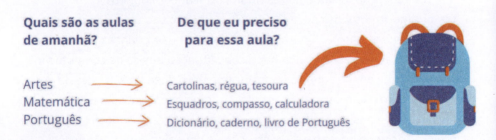

Fonte: elaborado pela autora.

Até na hora de organizar a mochila, os estudantes podem aplicar o pensamento computacional. Afinal, organizar e separar os elementos necessários também envolve cálculo, pensamento crítico e, óbvio, planejamento.

Esse ensino está diretamente relacionado ao pensamento crítico, ao pensamento lógico, que permite a busca de estratégias e a organização de etapas para chegar a um resultado. Por meio desse planejamento, identificam-se padrões, definem-se ordens e executa-se um problema de maneira organizada, desenhada, dividida em etapas. É como uma receita de bolo: são etapas diferentes, ferramentas diferentes e padrões muito bem definidos para que o resultado saia como o esperado. E a cultura maker tem influência direta nesse processo de ensino-aprendizagem.

VOLTANDO À BNCC, DE MANEIRA MAIS DETALHADA

Como visto na seção **Documentos norteadores**, a BNCC, no complemento voltado ao pensamento computacional, especifica ainda, em algumas de suas habilidades, o ensino da programação e dos códigos. Uma pesquisa rápida pelo termo "programação" entre as habilidades da Base aponta alguns resultados nas diferentes etapas da educação básica:

ENSINO FUNDAMENTAL 1

Para o 3º ano, na categoria Algoritmos, a habilidade PC03AL02 indica a necessidade de o estudante "Compreender o conceito de variável e usar algoritmos para modificar seus valores". Além disso, na Base Curricular geral, na Etapa do Ensino Fundamental, a habilidade EF04MA03, relacionada à anterior, orienta que o estudante deve "Resolver e elaborar problemas com números naturais envolvendo adição e subtração, utilizando estratégias diversas, como cálculo, cálculo mental e algoritmos, além de fazer estimativas do resultado".

Para o 5º ano, na categoria Algoritmos, a habilidade PC05AL01 pontua a necessidade de o estudante "Conhecer e utilizar algoritmos com repetições".

59

ENSINO FUNDAMENTAL 2

Para o 6º ano, na categoria Abstração, a habilidade PC06AB01 indica a necessidade de o estudante "Interpretar um algoritmo em pseudolinguagem e transpor para uma linguagem de programação visual e vice-versa". A Base geral, na mesma etapa do Ensino Fundamental, na habilidade EF06MA04, orienta que o estudante deve "Construir algoritmo em linguagem natural e representá-lo por fluxograma que indique a resolução de um problema simples (por exemplo, se um número natural qualquer é par)". **Na categoria Algoritmos**, a habilidade PC06AL01 exige do estudante "Experienciar e construir algoritmos com desvios condicionais utilizando uma linguagem de programação visual (blocos)", além de, na habilidade, PC06AL02, "Encontrar e solucionar problemas em programas (depurar) utilizando uma linguagem de programação visual (blocos)". **Na categoria Decomposição**, a habilidade PC06DE01 fala sobre "Identificar e categorizar elementos que compõem a interface de um ambiente de programação visual (menus, botões, painéis, etc.)", e, **na categoria Reconhecimento de Padrões**, a habilidade PC06RP01 define a necessidade de "Identificar padrões de instruções que se repetem em um algoritmo e utilizar um módulo ou função para representar estas instruções".

Para o 7º ano, na categoria Algoritmos, o estudante deve, segundo a habilidade PC07AL01, "Experienciar e construir diferentes algoritmos com repetições, utilizando uma linguagem de programação textual, identificando as semelhanças com a linguagem de programação visual (blocos)".

Para o 8º ano, na categoria Hardware e Software, na Habilidade TD08HS01, o estudante deve "Compreender as diferentes etapas da transformação de um programa em linguagem de máquina". **Na categoria Abstração**, na habilidade PC08AB01, deve "Interpretar um algoritmo em linguagem natural e convertê-lo em linguagem de programação", e, **na categoria Algoritmos**, na habilidade PC08AL01, deve "Experienciar e construir algoritmos de média complexidade utilizando uma linguagem de programação".

Por fim, **para o 9º ano, na categoria Hardware e Software**, na habilidade TD09HS01, o estudante deve "Produzir animações a partir da sobreposição de imagens". **Na categoria Abstração**, na habilidade PC09AB01, deve "Compreender e identificar em um algoritmo a necessidade de utilizar a recursividade para solucionar um problema", e, **na categoria Decomposição**, na habilidade PC09DE01, é necessário, por parte do estudante, "Compreender o que são programas modulares e por que incentivar sua reusabilidade, inclusive utilizando orientação a objetos".

SAIBA MAIS

Esses resultados limitam-se apenas às etapas do Ensino Fundamental e às suas habilidades mais genéricas, sem levar em consideração as competências, que são ainda mais específicas. No Ensino Médio, a aprendizagem também está detalhada em competências, ainda mais desenvolvidas, uma vez que é uma etapa na qual o ensino pode ser muito mais complexo. Aponte a câmera do celular para o QR Code e veja, na página do Centro de Inovação para a Educação Brasileira (CIEB), todas essas especificidades. Mergulhe no currículo de Tecnologia e Computação brasileiro!

Não é difícil perceber que, com o desenvolvimento dos estudantes ao longo das diferentes etapas da educação básica, o conhecimento a respeito da programação fica ainda mais profundo e, consequentemente, mais complexo. Por isso, desde o início, o desenvolvimento do pensamento computacional, ainda que "desplugado", é essencial!

PENSAMENTO COMPUTACIONAL DESPLUGADO

É claro que o uso dos computadores e de outras tecnologias ajuda na construção do pensamento computacional em sala de aula. Entretanto, não é só o computador que desenvolve essa habilidade nos indivíduos – como já vimos, a arrumação de uma mochila para a aula do dia seguinte também envolve o pensamento computacional. Entra em ação, então, o que chamamos de "computação desplugada", fundamental nas atividades "mão na massa" que estamos estimulando aqui.

Segundo Brackmann (2017), "A abordagem desplugada introduz conceitos de hardware e software que impulsionam as tecnologias cotidianas a pessoas não técnicas". Isso significa que essa abordagem não depende dos equipamentos eletrônicos. Materiais físicos, em geral reutilizados, são as ferramentas usadas para trabalhar a organização do pensamento lógico e reflexivo. Afinal, não são só os computadores que nos permitem organizar códigos. Segundo Brackmann (2017), pode-se recorrer a movimentos, a cartões e a desenhos, a enigmas, entre outros.

De acordo com o autor, os primeiros registros do uso da programação desplugada na educação são de 1997, em um livro digital intitulado *Computer science unplugged... Off-line activities and games for all ages* (*Ciência da computação desplugada... atividades off-line e jogos para todas as idades*, em português), que buscava aumentar o interesse dos estudantes e a percepção da computação como algo mais desafiador, entre outros objetivos.

São essas atividades que permitem mais conhecimento não só da lógica como também do funcionamento dos computadores e, consequentemente, dos códigos. Com elas, os estudantes podem ver, na prática, como o desenvolvimento de uma página ocorre, partindo não da visualização de um website, por exemplo, mas do próprio modo de a máquina raciocinar. Isso facilita a construção do código no futuro, quando, de fato, esses estudantes tiverem contato com os computadores.

Hoje, há vários jogos, principalmente no exterior, que têm olhar computacional, mas de maneira desplugada, e a maior parte deles usa cartas e tabuleiros.

Fonte: https://www.amazon.com/Littlecodr-46618-Kids-Coding-Game/dp/B019903PEI

O Littlecodr é um dos exemplos citados por Brackmann (2017) como jogo desplugado. O conjunto de cartas apresenta uma série de instruções que podem ser utilizadas em situações diferentes – por exemplo, em um tabuleiro ou mesmo para brincar de movimentar os estudantes pela sala de aula. De acordo com os criadores Greenhill e Slee, o jogo de 80 cartas lançado em 2015 "apresenta às crianças de 4 a 8 anos conceitos de codificação, lógica, planejamento, pensamento sequencial, prototipação, solução de problemas, além de ensiná-las a contar, ler, seguir instruções e distinguir a esquerda e a direita" (Brackmann, 2017, p. 56).

Há, ainda, livros que contam histórias embasadas na lógica ou na própria utilização de computadores. É o caso de uma narrativa envolvendo Sherlock Holmes, o detetive britânico fictício, criada por Ryan e citada por Brackmann (2017): "A esmeralda do rio negro". Na obra, Holmes tenta solucionar um crime trabalhando conceitos básicos do pensamento computacional: variáveis, constantes, números randômicos, condicionais, repetições, banco de dados, indexação, etc. O leitor é levado a participar da história com fichas compartilhadas e instruções ao longo da investigação para a resolução dos casos. O livro foi publicado no Brasil em 1994, pela Ediouro.

363

Os garotos correm pela floresta, provavelmente em direção à gruta. Eles fazem um caminho tortuoso e você não consegue segui-los. Onde será que foram?
- *Se você anotou a pista T, vá para 182.*
- *Caso contrário, tire um número e some seu bônus de Intuição:*
- *Se 2-8, vá para 101.*
- *Se 9-12, vá para 182.*

Exemplo de estrutura condicional somada às pistas da narrativa, levando os estudantes à resolução do crime. Fonte: Ryan (1994). In: Brackmann (2017, p. 65).

SAIBA MAIS

Aponte a câmera do celular para o QR Code para assistir ao TED do professor Mitchel Resnick, do MIT, "Vamos ensinar crianças a escrever códigos".

O professor Resnick é uma autoridade nessa discussão e fiel seguidor do professor Papert, sobre o qual já falamos aqui. Não se esqueça de ativar a legenda em português brasileiro no botão .

Fonte: https://en.wikipedia.org/wiki/Mitchel_Resnick

Professor Mitchel Resnick, autoridade no debate sobre o uso da programação na educação básica.

SAIBA MAIS

Aponte a câmera do celular para o QR Code para conhecer o projeto da professora Renata Kelly da Silva, em uma escola de São Paulo, que usa atividades desplugadas para promover a aprendizagem sobre programação.

Prática desplugada de projeto da professora Renata Kelly da Silva. Fonte: artigo da revista *Nova Escola*.

VOLTANDO AO SCRATCH: SAIBA UTILIZÁ-LO

O Scratch, plataforma desenvolvida pelo MIT Lab, sobre a qual falamos em outro momento, é uma excelente alternativa para o ensino da programação. Basicamente, a ferramenta apresenta os códigos utilizados, em geral, no desenvolvimento web, a partir de **blocos**, os quais, uma vez "empilhados", geram instruções e, consequentemente, ações a respeito do que se pretende fazer com as animações. Com isso, é possível contar histórias, criar jogos e até animações mais complexas, com diferentes personagens e sons. Em scratch.mit.edu (acesso em: 5 set. 2023) é possível acessar a ferramenta gratuitamente! Já há, inclusive, traduções do programa para o português, o que facilita ainda mais sua aplicação em sala de aula.

Segundo Raabe, Couto e Blikstein (Raabe, Zorzo & Blikstein, 2020), o Scratch é responsável por desenvolver os conceitos mais importantes da programação, como o sequenciamento, as repetições, os eventos, o paralelismo, as condições, os operadores e os dados. Além disso, para os autores, há características que surgem dessa aprendizagem que podem ser aplicadas em diferentes situações:

INCREMENTAL E ITERATIVO: é um processo adaptativo em que ocorrem várias mudanças, e a solução pode ser dividida em pequenos passos.

TESTAR E APURAR: quando um problema aparece, é necessário efetuar vários testes e depurá-los para poder solucioná-lo.

REUTILIZAR: trabalho em colaboração também faz parte da resolução de problemas, e com ele vêm responsabilidades, como entender o trabalho dos outros, dar os créditos apropriados aos criadores, entre outras implicações.

ABSTRAÇÃO E MODULARIZAÇÃO: trata-se de construir algo grande a partir de coleções de pequenas partes, separando diferentes comportamentos ou ações.

(Raabe, Couto & Blikstein. *In*: Raabe, Zorzo & Blikstein, 2020, p. 6.)

Como já visto, esses são conceitos básicos da própria programação, mas que podem ser aplicados a contextos variados, o que leva o uso de ferramentas como o Scratch a uma aprendizagem realmente significativa, que permita ao estudante resolver problemas e construir projetos "mão na massa", dentro e fora da escola.

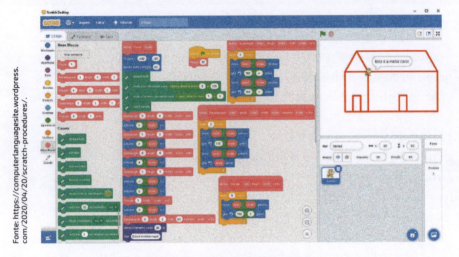

Fonte: https://computerlanguagesite.wordpress.com/2020/04/20/scratch-procedures/.

O Scratch em português.

Com esse programa especialmente desenvolvido para o ensino infantil, pode-se estimular a criatividade dos estudantes, a aprendizagem do pensamento computacional e, claro, a "mão na massa", uma vez que é possível construir qualquer projeto que se pretenda criar em uma interface simples e intuitiva.

Aponte a câmera do celular para o QR Code para assistir ao vídeo no qual o professor Jeff Neutron expõe, de maneira básica e bem didática, cada recurso do Scratch e o passo a passo para criar animações simples.

ALÉM DO SCRATCH

A Apple e a Microsoft, grandes empresas da tecnologia que, desde o início, tiveram relação direta com o movimento maker – como visto no trabalho de seus idealizadores, Steve Jobs e Bill Gates –, lançaram, também, os próprios mecanismos de programação voltados a crianças: o Swift Playgrounds e o Kodu. Ambos são adaptações dos códigos para comunicação por blocos, como o Scratch, mas associados, especificamente, a jogos.

O Swift Playgrounds apresenta uma série de atividades, como desafios e labirintos, que só podem ser resolvidas se a personagem se mover de maneira correta – naturalmente, com a ajuda dos códigos. Enquanto joga, o estudante conhece cada comando e cada conceito da linguagem de programação Swift.

Atividade no Swift Playgrounds. Nela, o estudante precisa usar os comandos Swift para levar a personagem Byte até a pedra preciosa. Há instruções e blocos que precisam ser escolhidos. Após o estudante colocá-los na ordem e no formato corretos, a execução do código resolve o desafio.

Fonte: https://techcrunch.com/2021/12/16/apple-releases-swift-playground-4-with-support-for-app-development-on-ipad/

No Kodu Lab, os estudantes criam os próprios cenários e os movimentos do pequeno robô, personagem principal da ferramenta. Por meio dos comandos que fazem o protagonista pular, movimentar-se ou pegar objetos, além de ferramentas como contagens regressivas e perda automática de vidas, é possível construir jogos e até histórias.

Fonte: Microsoft Store. Acesso em: 5 mar. 2024.

ARDUINO, PROGRAMAÇÃO E ROBÓTICA NA PRÁTICA

Há inúmeras ferramentas que facilitam o ensino da programação – e, consequentemente, da robótica, foco da próxima seção. O Arduino é uma dessas ferramentas, e conhecê-lo é essencial em qualquer elaboração de atividades envolvendo tópicos relacionados à tecnologia.

De maneira bem objetiva, **Arduino** é uma família de **placas** que funcionam de modo semelhante a um pequeno computador. Em tradução do portal Vida de Silício, a família é definida como "uma plataforma *open-source* de prototipagem eletrônica com hardware e software flexíveis e fáceis de usar, destinado a artistas, *designers*, *hobbistas* e qualquer pessoa interessada em criar objetos ou ambientes interativos". Essas placas, então, permitem que se possa programar o comportamento de suas entradas e saídas com base em componentes externos que podem ser conectados a elas. Sua vantagem é a simplicidade: com elas, pode-se criar uma série de projetos básicos, o que permite a aprendizagem até por pessoas não especializadas na área.

O Arduino[15] é uma plataforma constituída por dois componentes: a placa em si, que é o hardware usado para o desenvolvimento dos projetos, e o Arduino IDE, software no qual é escrito aquilo que se pretende executar na placa.

---

[15] Disponível em: https://www.arduino.cc/. Acesso em: 5 set. 2023.

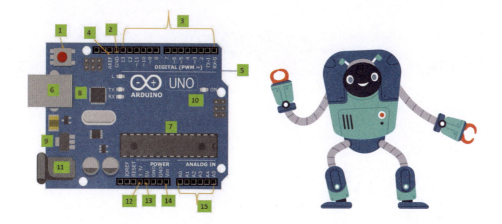

A placa, ou seja, a estrutura física, é composta destas partes:

1) Botão RESET: reinicia a programação.
2) GND: aterramento.
3) Pinos de entrada e saída digitais.
4) AREF: configura a tensão de referência para a entrada analógica (valor máximo do intervalo de entrada).
5) PWM: os pinos com o sinal ~ podem simular saída analógica.
6) USB: utilizada para conectar o computador e realizar a transferência de código.
7) Microcontrolador: é o processador que armazena a programação e controla os dispositivos.
8) Indicador de transmissão e recebimento de dados.
9) Regulador de tensão.
10) Led indicador de energia.
11) Entrada para fonte de alimentação.
12) Pino que fornece 3,3V.
13) Pino que fornece 5V.
14) Pino VIN: alternativa de entrada de energia de 7 a 12V.
15) Pinos analógicos.

Já a programação é composta da seguinte maneira: o Arduino utiliza como linguagem de programação o C++, e, para dar início à escrita do código, é necessário o programa IDE, que pode ser baixado em: www.arduino.cc/en/software (acesso em: 5 set. 2023).

Depois de baixado o software para o computador, uma configuração rápida precisa ser feita, a fim de escrever o *sketch* no Arduino, ou seja, o projeto que se pretende executar. Basta acessar o item "ferramentas" e selecionar o Arduino com o qual se está trabalhando, bem como a porta de acesso. Isso gera a comunicação entre o dispositivo físico e o programa, permitindo, assim, que se inicie a programação.

Fonte: https://en.m.wikipedia.org/wiki/File:Arduino_IDE_-_-_Blink.png

Software IDE programado para fazer uma lâmpada piscar (*blink*, em inglês).

É possível aproveitar o Arduino em várias aplicações. Um dos exemplos mais comuns diz respeito a acender uma lâmpada por certo intervalo de tempo depois que um botão é pressionado. Nesse caso, estariam conectados à placa uma lâmpada e um botão. O circuito criado esperaria até que o botão fosse pressionado, e, após finalizado o intervalo de tempo definido, a luz se apagaria, e a placa voltaria a aguardar o acionamento do botão.

O modelo mais famoso de placa Arduino é o **Arduino Uno**, usado no exemplo anterior e no projeto ao lado.

O Arduino Uno foi projetado para fazer piscar um LED por um intervalo específico.

Fonte: Apostila sobre Arduino – Volume 1. Amanda Pimenta. Hack.ATOMIC hackerspace, USP. Acesso em: 5 mar. 2024.

SAIBA MAIS

Para compreender o funcionamento básico do Arduino, acesse o Portal Vida de Silício pelo QR Code abaixo.

Para compreender a linguagem C++, acesse o material "Programação básica em C++", disponível pelo QR Code abaixo.

70

ROBÓTICA

Com o ensino da linguagem de programação, evoluímos para a **robótica**. Cabe, então, mergulhar nesse meio com a história do **robô**. Esse dispositivo tecnológico faz parte do imaginário popular há muitos anos, visto como algo necessariamente ligado ao futuro – um momento distante em que os homens e essas máquinas viveriam juntos, complementando-se em perfeita harmonia. Mas, afinal, o que são robôs?

Cena do filme *O homem bicentenário*, de 1999.

Segundo a Robotics Industries Association (RIA), citada no "Minicurso de introdução à robótica educacional", de Samuel Azevedo, Akynara Aglaé e Renata Pitta (2010),

> Robô é um manipulador reprogramável e multifuncional projetado para mover materiais, partes, ferramentas ou dispositivos especializados através de movimentos variáveis programados para desempenhar uma variedade de tarefas (AZEVEDO, AGLAÉ & PITTA, 2010, p. 2).

É fácil perceber, assim, que os robôs têm o objetivo básico de **auxiliar** o ser humano nas tarefas diárias – nas muito simples, como na limpeza da casa, ou até nas mais complexas, como na realização de uma etapa em uma linha de montagem. Isso flexibiliza o trabalho humano e torna as atividades mais práticas, ágeis e, claro, eficazes, uma vez que a máquina faz tudo da maneira exata para a qual foi programada.

SAIBA MAIS

O canal TecMundo criou uma linha do tempo interessante, repleta de ilustrações, para explicar a história dos robôs em nossa sociedade. Assista ao vídeo apontando a câmera do celular para o QR Code.

A partir daqui, é possível definir, de fato, a **robótica**, que é **a ciência desses dispositivos de interação com o ser humano**, segundo Martins (2006), também citado no "Minicurso" dos professores Azevedo, Aglaé e Pitta (2010). Para o autor, é ela, como ciência multidisciplinar – uma vez que une mecânica, eletrônica, computação e muitas outras áreas em uma mesma atividade –, que permite o desenvolvimento dessas máquinas autônomas que tanto facilitam nosso dia a dia; afinal, a lava-louças usada logo depois de um almoço familiar economiza muito de nosso tempo.

Essa ciência está presente em quase todos os setores de nossa vida, facilitando e agilizando das tarefas mais simples às mais complexas: nos eletrodomésticos, nos caixas eletrônicos, nas montadoras de automóveis, entre outros.

LINHA DO TEMPO DA ROBÓTICA

Em "Minicurso de introdução à robótica educacional", os professores Azevedo, Aglaé e Pitta (2010) desenham uma linha do tempo interessante ao explicarem a história da robótica, classificando os robôs com base em suas gerações tecnológicas.

PRIMEIRA GERAÇÃO: são os braços robóticos industriais, como o modelo do engenheiro norte-americano Joseph F. Engelberger (1925-2015), fabricado para industrialização na década de 1950. Engelberger foi considerado o "pai da robótica", tendo sido o primeiro a construir o robô chamado Ultimate, vendido para a General Motors logo depois. São máquinas com sensores que requerem objetos bem posicionados e ambiente bem controlado e estruturado. Os braços para coleta de amostras submarinas também estão nessa primeira geração.

SEGUNDA GERAÇÃO: Diferentemente dos braços robóticos, que tinham apenas sensores internos que direcionavam seu funcionamento, agora há robôs com sensores também externos, permitindo que se adéquem ao contexto em que estão. Câmeras com captura de imagens e sensores ganharam espaço aqui.

TERCEIRA GERAÇÃO: são os robôs dotados de inteligência artificial (IA). Ferramentas como reconhecimento de voz, visão computacional e simulação de comportamento humano ou animal estão entre as características deles. São físicos, mas também podem ser virtuais, como jogos de computador ou o ChatGPT, tão discutido atualmente. Há robôs, aqui, que simulam até seres vivos.

Em síntese, os robôs foram criados para a resolução de problemas e a facilitação de tarefas, o que abre espaço para seu uso na aprendizagem, uma vez que, como vimos até aqui, a educação caminha cada vez mais em direção a um ensino baseado no "aprender fazendo" e no "fazer para resolver problemas", bases do movimento maker na educação. Para isso, kits de robótica e de Lego (as peças que muitas crianças usam para construir coisas) foram introduzidos na educação, e trabalhos com robótica usando sucata ganharam escala e passaram a fazer parte dos projetos de ensino.

A ROBÓTICA E A EDUCAÇÃO

Falar sobre robótica e educação não significa apenas trazer robôs e sua construção para a sala de aula. É preciso levar em consideração todas as variáveis presentes, desde as limitações da instituição e do currículo até a inserção de objetivos específicos, voltados à aprendizagem, na prática com os estudantes. De acordo com os professores Paulo Blikstein e Rodrigo Barbosa e Silva (2020), é importante que haja todo um desenho de práticas que tenham significado, gerem aprendizagem e não sejam, desse modo, muito fáceis ou muito complexas. Para eles, "Tornar a robótica fácil demais, muitas vezes como estratégia de marketing para vender produtos para pais e escolas, acaba por privar os estudantes dos maiores benefícios da tecnologia" (BLIKSTEIN & SILVA, 2020, p. 20); da mesma maneira, voltar essas tecnologias para o mercado de trabalho, em uma aplicação já mais complexa em sala de aula, "mostrou-se ineficaz em estudos empíricos por estender demais o tempo necessário para o aprendizado básico" (BLIKSTEIN & SILVA, 2020, p. 20).

Assim, a robótica educacional deve levar em consideração as experiências dos professores em sala de aula, os interesses dos estudantes e as competências e habilidades necessárias no século XXI, estando os três aspectos intimamente relacionados no desenvolvimento do currículo e das atividades. Não à toa, para os autores, que um "bom *design* educacional não existe sem a participação igualitária de pesquisadores que entendem de educação" (BLIKSTEIN & SILVA, 2020, p. 21), do mesmo modo que o início do trabalho com robótica, com base em estudos de pesquisadores do MIT, contou com a ajuda de profissionais de tecnologia, ciência da computação, *design*, psicologia e arte, além da própria educação. É um trabalho multidisciplinar, com efeitos diferenciados na vida dos estudantes.

Estudantes da rede municipal de São Paulo em um projeto de robótica.
Fonte: Secretaria de Educação da cidade de São Paulo.

Estudos dos professores Blikstein & Silva (2020) levaram à definição de quatro diferentes abordagens para o ensino e a aprendizagem da robótica na educação:

1. A ROBÓTICA COMO FERRAMENTA PARA DESCOBRIR DETALHADAMENTE CADA ASPECTO E COMPONENTE DAS TECNOLOGIAS CONTEMPORÂNEAS.

A robótica é vista como oportunidade de descoberta. Com ela, pode-se descobrir tudo aquilo que é desconhecido a respeito das tecnologias; como tudo acontece no interior das máquinas. É a oportunidade que os estudantes têm de irem além do uso superficial dos dispositivos, mergulhando em seu funcionamento, em sua construção, no processamento dessas tecnologias. Nas palavras dos professores, "Os estudantes percebem, no melhor estilo freiriano, que não estão cercados de objetos opacos e fechados, mas de dispositivos abertos à inspeção, ao entendimento e à transformação" (2020, p. 21). É um convite à exploração!

2. A ROBÓTICA COMO MEIO PARA CONSTRUIR MÁQUINAS. Além de descobrir como as máquinas funcionam, o ensino da robótica é um convite à construção de máquinas pelos próprios estudantes. Entender todo o interior desses dispositivos permite a eles conhecer, também, o passo a passo do desenvolvimento de robôs, o que estimula a criação autoral. Ganha espaço, aqui, a famosa cultura maker, a estrela da aprendizagem "mão na massa": o fazer, o refazer, a tentativa e o erro, o planejamento e a concretização são etapas pelas quais os estudantes passam na construção de máquinas digitais, o que possibilita o aprender, o reaprender e estimula o protagonismo estudantil. Para os estudiosos, "A robótica é um convite a um novo tipo de experiência com tecnologia, em que as coisas não estão prontas e raramente funcionam da primeira vez" (2020, p. 22).

3. A ROBÓTICA PARA A CRIAÇÃO DE IDEIAS. A cultura maker ganha espaço mais uma vez, tendo em vista que o ensino da robótica estimula a criatividade, a inventividade, um dos pilares do movimento "mão na massa". Ideias não faltam; afinal, os estudantes sempre têm sonhos, frequentemente enxergam necessidades diferentes no mundo em que vivem; a robótica educacional, então, lhes permite colocar em prática esses problemas, essas "lacunas" encontradas em seu contexto, por meio de projetos criativos e únicos. É o lugar, também, de aplicação das teorias freirianas, sobretudo a dos **temas geradores**, já comentada em outra seção, uma vez que é no mundo que os estudantes encontram espaço para a criação daquilo que não existe ou que não funciona como deveria.

4. A ROBÓTICA COMO MODO DE TRABALHO INDIVIDUAL E EM EQUIPE. Mais um pilar da cultura maker é contemplado nessa abordagem, tendo em vista que a robótica se torna o espaço de compartilhamento, de trabalho em equipe. É a oportunidade de os estudantes trocarem experiências, ideias e conhecimentos e de aprenderem juntos, como protagonistas do próprio conhecimento.

Não é difícil perceber, assim, a proximidade da robótica com a cultura maker. Os pilares sobre os quais já falamos – **escalabilidade**, **criatividade**, **colaboração** e **sustentabilidade** – são visíveis em boa parte das atividades com robôs, o que nos leva a perceber seu potencial para a aprendizagem daquelas que consideramos as competências do século XXI.

O último pilar da cultura maker, a **sustentabilidade**, passa a ser uma saída bastante importante para um dos obstáculos mais comuns no debate sobre a inserção da robótica nas escolas: a dificuldade de acesso às diferentes tecnologias. Nesse caso, a reutilização de materiais e o aproveitamento de recursos que, a princípio, não seriam utilizados no desenvolvimento de dispositivos alimentam, também, a criatividade – a inventividade – dos estudantes, além de lhes proporcionar uma visão sustentável na construção de equipamentos. Tais características são, também, parte daquilo que consideramos competências do século XXI. E um dos trabalhos que realmente estimulam o ensino-aprendizagem sustentável é a **robótica com sucata**, sobre a qual falaremos a seguir.

ROBÓTICA COM SUCATA

A professora Débora Garofalo e seu trabalho de robótica com sucata.

Fonte: Ipiranga News. Disponível em: https://ipiranganews.inf.br/professora-debora-garofalo-e-indicada-a-mais-um-premio/. Acesso em: 5 mar. 2024.

A abordagem da robótica com sucata foi colocada em prática em 2015, na Escola Municipal de Ensino Fundamental Almirante Ary Parreiras, em São Paulo, fruto da necessidade de aliar tecnologia à cultura maker, trazendo a sustentabilidade e a acessibilidade como bases para a inserção do ensino de programação nas escolas. O projeto foi idealizado pela professora Débora Garofalo, que, pouco tempo depois, seria finalista do prêmio Global Teacher Prize, considerado o Nobel da Educação, sendo laureada uma das dez melhores professoras do mundo, em reconhecimento ao trabalho com sucata.

No início do trabalho com estudantes do 1º ao 9º ano do ensino fundamental, com base em uma avaliação diagnóstica realizada com mais de mil alunos acerca do componente Tecnologia e Inovação no currículo paulista, ficou clara uma questão premente na comunidade na qual a escola estava instalada: o lixo acumulado era um problema recorrente porque, em dias de chuva, impedia que os estudantes fossem à escola por causa das enchentes, além de propiciar a aparição de doenças como dengue e leptospirose. Após o diagnóstico, aulas públicas foram planejadas para possibilitar o conhecimento a respeito da questão do lixo na área, e foi criado um trabalho de coleta de materiais recicláveis para que os estudantes desenvolvessem o projeto de robótica com sucata.

O trabalho com recursos recicláveis superou o desafio encontrado naquela escola pública, a qual, naturalmente, não tinha acesso fácil às tecnologias digitais para o aprendizado da robótica. E o protagonismo, peça-chave na cultura maker, foi estimulado, uma vez que os estudantes puderam não só criar os próprios projetos como também – e sobretudo – reunir os materiais necessários para essa construção.

A professora Débora e seus estudantes nas ruas de São Paulo procurando materiais para as aulas de robótica com sucata.

Fonte: https://rhyzos.com/7-perguntas-debora-garofalo/

O projeto teve estrutura muito bem definida, e, mais uma vez, a aprendizagem com base em etapas, recurso conhecido das metodologias ativas, ficou bastante evidente: primeiro, com aulas públicas, a comunidade foi sensibilizada acerca do descarte correto de lixo, enquanto os estudantes recolhiam materiais recicláveis e eletrônicos pelas ruas, pensando em e separando cada recurso; depois, os materiais não utilizados no trabalho eram vendidos; na etapa seguinte, um exercício de criação e construção de protótipos foi colocado em prática, para, na última etapa, em um segundo momento com a comunidade, os projetos serem expostos em uma feira de tecnologias.

SAIBA MAIS

O trabalho de robótica com sucata tem espaço dedicado a ele como atividade sugerida na BNCC, no próprio portal da Base. Aponte a câmera do celular para o QR Code à direita e leia o artigo "Robótica com sucata, promovendo a sustentabilidade", para conhecer melhor as etapas dessa atividade sustentável "mão na massa"!

O projeto de Débora Garofalo também deu à professora a oportunidade de estar entre os dez melhores professores do mundo em 2019, segundo o Global Teacher Prize. No QR Code à direita você poderá assistir ao vídeo que a instituição produziu sobre esse projeto.

Além do Global Teacher Prize, o trabalho de Débora também foi reconhecido, em 2017, pela Secretaria Municipal de Direitos Humanos; em 2018, pelo prêmio Professores do Brasil; em 2019, pelo Prêmio de Aprendizagem Criativa do MIT. Nesse mesmo ano (2019), a professora recebeu, ainda, a Medalha de Pacificadores da ONU.

RESULTADOS DO TRABALHO COM SUCATA

As atividades de robótica com sucata não acabaram em apenas uma aula ou um conteúdo: o trabalho foi incorporado à disciplina Tecnologia e Inovação, para que todos os estudantes fossem contemplados. Em aulas de 45 minutos na semana, totalizando de 8 a 10 no bimestre, os projetos foram implementados em sala, alcançando resultados impressionantes ao longo de três anos e meio, como combate à evasão escolar em 93% e ao trabalho infantil em 95%, além da contribuição para a mudança do Índice de Desenvolvimento da Educação Brasileira (IDEB), de 4.2 para 5.2, colocando a unidade escolar na média Brasil.

Voltando à sustentabilidade, o projeto retirou mais de uma tonelada de lixo das ruas de São Paulo, transformando essa sucata em protótipos e minimizando os impactos de seu acúmulo para a comunidade, diminuindo, também, as enchentes e as doenças. Tudo isso possibilitando que estudantes tivessem acesso ao ensino da robótica e da programação com materiais não estruturados.

Por fim, do ponto de vista do protagonismo, o trabalho contribuiu para a mudança de autoestima dos estudantes, melhorou seu desempenho escolar e mostrou que aquilo que eles podem ou não aprender não é determinado pelo lugar em que vivem ou pelas condições às quais estão submetidos, mas, sim, pela força de vontade para uma educação centrada no fazer, uma educação maker.

METODOLOGIA DE ENSINO E POLÍTICA PÚBLICA

O trabalho de robótica com sucata, pela eficácia na educação, é uma metodologia de ensino e uma política pública da Secretaria Estadual de São Paulo e impacta 3,7 milhões de estudantes, fazendo parte do componente curricular Tecnologia e Inovação. Nas diretrizes curriculares de Tecnologia e Inovação, o trabalho com materiais recicláveis é apontado como possibilidade de favorecer a "popularização e o barateamento de equipamentos de informática" (SÃO PAULO, 2020, p. 29).

Outros estados e municípios têm se inspirado no trabalho da professora Débora Garofalo e adotado essa metodologia pelo fato de ela permitir que o trabalho ocorra por escala (vivências) e por estimular a criatividade e o pensamento crítico dos estudantes, possibilitando a democratização do acesso à tecnologia e à inovação, tendo como pano de fundo a cultura maker e o ensino do pensamento computacional por meio da robótica. Além disso, essa metodologia corrobora com a ideia do "ensino para todos", superando barreiras financeiras e ancorando-se a pilares da cultura maker, como a sustentabilidade.

Dispor de altos recursos tecnológicos não garante aprendizagem efetiva. Para que tenhamos apropriação do conhecimento, é necessário termos educação integral, baseada em experiências, e, ao mesmo tempo, significativa (Garofalo, 2018).

EXPERIÊNCIAS COM A CULTURA MAKER

É bastante provável que algum leitor chegue ao fim de todos esses conceitos com mil e uma ideias, esperando a primeira oportunidade para aplicá-las em algum de seus projetos. Do mesmo modo, haverá leitores que precisarão de exemplos, de casos de sucesso que, de alguma maneira, estimulem o pensamento criativo, para que novas atividades sejam formuladas.

Pensando nisso, serão apresentados, a seguir, alguns exemplos de como o trabalho com a cultura maker pode fazer parte de todas as etapas da educação. São projetos reais, aplicados por professores nas mais diferentes situações. A ideia é inspirar!

PROJETOS PARA O ENSINO BÁSICO E SUPERIOR DO PROFESSOR RICARDO HIDALGO SANTIM[16]

Muitas vezes, o tempo é visto como inimigo no dia a dia da sala de aula, mas ele também pode ser estrategicamente pedagógico. Partindo da premissa de que aprender é um processo, o qual, portanto, demanda um período de estudo, pesquisa e assimilação, o tempo, em sua extensão, é essencial para desenvolver uma aprendizagem profunda, relevante e significativa.

De todas as abordagens e metodologias que já apliquei, a aprendizagem baseada em projetos (ABP) foi a que me trouxe os melhores resultados no conjunto cognitivo e socioemocional. Geralmente, a ABP é uma metodologia que demanda tempo significativo para concluir os objetivos traçados com a turma. Dependendo do contexto, pode variar de um mês até um ano. Os projetos que vou compartilhar aqui foram trabalhos que duraram entre quatro e oito meses de dedicação dos estudantes.

---

[16] Atualmente, Ricardo Hidalgo Santim é consultor e coordenador pedagógico, professor, escritor, inventor e pai. Licenciado em Física, é mestre e doutor, pela Universidade Estadual Paulista (UNESP), em Ciência dos Materiais. Santim acredita que a mediação é fundamental para promover a autonomia e o protagonismo na aprendizagem, por uma educação mais humana, criativa, mão na massa, significativa e inclusiva.

CASO 1:
Projeto de "controlador de pessoas em espaços públicos", aplicado no ensino fundamental 1

Trata-se de um projeto desenvolvido, no início de 2021, por estudantes do ensino fundamental 1 do Colégio Educacional Criando Asas, de Birigui, interior do Estado de São Paulo, no componente curricular Oficina de Soluções, em uma turma multisseriada de 4º e 5º anos. Com o objetivo de trazer contexto e relevância à turma, foram apresentados os ODS propostos para a Agenda 2030 da ONU. Assim, os estudantes notaram que ainda há muito a fazer pelo nosso planeta e para o desenvolvimento humano. Começaram a perceber que toda essa reflexão também tinha bastante relação com o que estávamos vivendo naquele momento histórico da humanidade: a pandemia de covid-19. O projeto teve início em fevereiro de 2021, em um momento tímido de retomada das aulas presenciais, com vários protocolos de segurança para a saúde pública, restrição de número de pessoas por área, distanciamento, uso obrigatório de máscaras, além de muito medo e tensão, tendo em vista que a vacina contra a covid-19 começava a chegar ao Brasil, restrita aos profissionais de saúde e a alguns grupos de risco. Todo esse contexto foi motivação para um grupo de três estudantes que resolveu pensar em soluções para essa situação, atreladas aos objetivos apresentados, entre eles um relacionado à vida saudável, o ODS 3 — saúde e bem-estar.

Após várias pesquisas, rodas de conversa e testes, os estudantes desenvolveram um protótipo "controlador de pessoas em espaços públicos" usando uma placa programável (BBC micro:bit) acoplada a dois sensores, os quais eram acionados por dois pedais feitos com papelão e papel-alumínio, para gerar contato elétrico, acoplados a fios de cobre reaproveitados de cabos de rede de internet. Esse projeto foi pensado para controlar pessoas em espaços públicos no momento da pandemia, que exigia cuidados com distanciamento e limite de pessoas em espaços coletivos, como é o caso da escola.

O protótipo fazia a contagem das pessoas que entravam na escola ao pisarem no pedal de entrada, contando uma pessoa por pisada. Quando alguém saía, outro pedal era acionado, igualmente com os pés, então eram contabilizadas as saídas. Com o auxílio da programação da placa micro:bit, tinha-se, em tempo real, a quantidade de pessoas no interior do colégio. Também foi programado um sinal sonoro de alerta caso o número máximo de pessoas permitidas para o local fosse atingido. Assim, além do controle de lotação máxima permitida para espaços coletivos, como as escolas, o projeto tinha, ainda, o objetivo de facilitar a quantificação de refeições a serem preparadas no refeitório, evitando desperdícios, cuidado relacionado ao ODS 12 — produção e consumo sustentáveis.

O projeto foi concluído no fim de junho de 2021, após quatro meses de trabalho multidisciplinar envolvendo Língua Portuguesa (produção de texto científico), Ciências (saúde e bem-estar), Inglês (tradução), Matemática (operações), e submetido ao desafio "do your:bit" da Fundação Micro:bit de Londres. Nessa ocasião, foi vice-campeão da América Latina, na categoria Soluções micro:bit 8 a 14 anos.

Fonte: acervo pessoal do professor.

CASO 2:
Projeto de "medidor de CO^2 portátil", aplicado no ensino fundamental 2

O segundo projeto foi realizado por estudantes do ensino fundamental 2, também do Colégio Educacional Criando Asas, de Birigui, de modo multidisciplinar, mediado por mim, no componente curricular Oficina de Soluções. A ideia foi lançada por volta de outubro de 2021 por um dos estudantes vencedores do prêmio relatado anteriormente, mas foi estruturada e desenvolvida de fevereiro a junho de 2022.

O projeto, intitulado ACVM (iniciais dos estudantes envolvidos), teve como objetivo reduzir o excesso de dióxido de carbono (CO^2) na atmosfera, conforme o ODS 13 — ação contra a mudança global do clima — o qual, consequentemente, afeta os ODS 3 — boa saúde e bem-estar, 14 — vida debaixo d'água e 15 — vida sobre a terra, por evitar o aumento da temperatura e o derretimento das calotas polares.

Para o projeto, seriam necessários uma placa programável (BBC micro:bit), um sensor detector de CO2, bateria, fios para conexão, entre outros materiais. O medidor de CO^2 tem a função de detectar a quantidade desse gás na atmosfera, enviando essa informação à placa programada, que pode fazer correlação matemática de quantas árvores/plantas são necessárias para retirar essa quantidade de CO^2 do ar. Esse projeto é importante para que autoridades públicas possam ter referência científica para tomar decisões sobre questões ambientais, como agricultura, purificação do ar, redução do aquecimento global, estabilidade climática, recuperação de áreas degradadas, arborização de praças, entre outras.

Os argumentos e as conexões com os desafios cotidianos evidenciam a relevância do projeto. O objetivo dos estudantes foi propor um aparelho portátil para medição de CO^2, de fácil transporte, possibilitando leituras, em tempo real, em cada ambiente que se quisesse analisar.

É importante destacar aqui que excelentes projetos podem ser planejados, estudados e desenvolvidos no campo das ideias. Esse é um exemplo disso, pois, nesse caso, não foi construído um protótipo físico. A ideia abriu possibilidades para inúmeras ações: pedagógicas, políticas, sociais e tecnológicas. Esse trabalho também foi submetido ao desafio "do your:bit" de 2022, realizado pela Fundação Micro:bit, e, na ocasião, premiado como campeão da América Latina na categoria Projetos em papel — jovens de 8 a 14 anos.

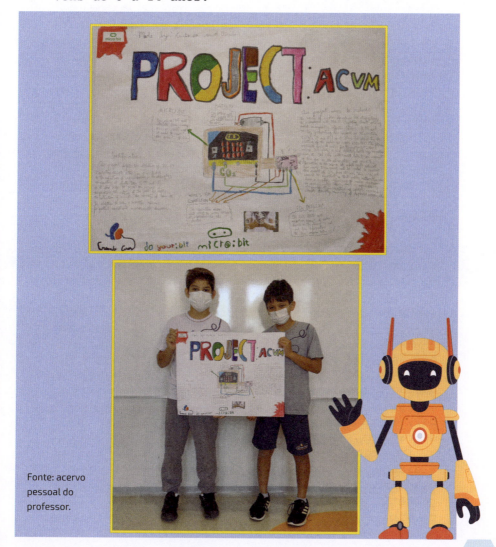

Fonte: acervo pessoal do professor.

CASO 3:

Projeto "teatro – Last Hope: uma viagem no tempo com as damas da ciência", aplicado no ensino superior

Tradicionalmente, no ensino superior, os componentes são ensinados em aulas expositivas, e as aulas práticas são roteirizadas de maneira instrucional, fazendo com que os estudantes fiquem na posição receptiva de conteúdo. Limitar-se a um único modo de ensinar pode influenciar significativamente a qualidade da aprendizagem, uma vez que, do ponto de vista da diversidade, cada um aprende melhor de maneira diferente, por ter características e habilidades distintas. Outro fator importante é a motivação de cada um, tendo em vista que cada estudante tem histórias e interesses diversos. É claro que há outros pontos a serem levados em consideração; contudo, com base nessas colocações, já é possível concluir que aprender exclusivamente de forma passiva não é a melhor opção, e vários estudos sobre metodologias ativas apontam para isso, como é o caso deste livro.

No primeiro semestre de 2018, como professor do Instituto Federal de Educação, Ciência e Tecnologia de São Paulo (IFSP), campus Birigui, eu lecionava a disciplina História da Física para uma turma do 5º semestre do curso de Licenciatura em Física. Nesse contexto, foi proposto aos estudantes um desafio, em consonância com os objetivos da ementa da disciplina: falar da evolução dos conceitos da Física e das contribuições dos cientistas ao longo da história. Porém, quase todas as bibliografias falam dos cientistas mais famosos e do sexo masculino. Embora o machismo tenha tomado conta da Ciência por séculos, houve mulheres fantásticas que contribuíram fundamentalmente para o desenvolvimento atual da sociedade. De maneira oportuna, 2018 foi escolhido pela Organização das Nações Unidas para a Educação, a Ciência e a Cultura (Unesco) para falar sobre "Ciência para a redução das desigualdades" – ótima conjuntura para desenvolver projetos, debates e reflexões sobre essa temática.

O tema da Unesco foi motivação suficiente para mobilizar a turma do curso de Licenciatura em Física a se debruçar sobre o assunto, começar a levantar questões e estruturar um projeto. Nesse sentido, foi lançado um desafio para os estudantes com base na Aprendizagem Baseada em Projetos, uma metodologia ativa. Na ocasião, o desafio proposto foi refletir sobre o tema "Ciência para redução das desigualdades" e produzir e apresentar uma peça teatral, tendo como base a ementa da disciplina História da Física. Para isso, todos os estudantes tiveram uma imersão em pesquisas, leituras, apresentações para os colegas e debates, com a finalidade de investigar, ao longo da história, quais foram os(as) cientistas injustiçados(as). Durante os debates, os alunos perceberam uma convergência para as injustiças com as mulheres. Após a listagem de várias cientistas com trabalhos destacados, mesmo discriminadas por seu gênero, os estudantes selecionaram três mulheres de momentos importantes de nossa história para produzir o teatro: a cientista polonesa, naturalizada francesa, MARIE SKLODOWSKA CURIE (1867-1934); a filósofa, astrônoma e matemática egípcia HIPÁTIA DE ALEXANDRIA (?-415 d.C.); e a física austríaca LISE MEITNER (1878-1968).

Após a pesquisa e o planejamento, a turma foi dividida em equipes para produzir a peça: roteiristas, elenco, cenografia, narradores, iluminação e audiovisual. Uma exigência lançada como critério foi que houvesse interações tecnológicas na peça. Como consequência, os estudantes pensaram em um enredo de viagem no tempo, no qual um robô do futuro voltaria em momentos decisivos do passado para combater as desigualdades com as três cientistas escolhidas. Em respeito ao critério interatividade tecnológica, surgiram combinações de iluminação, projeção

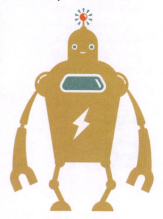

do cenário e das viagens no tempo, máquina de fumaça para efeitos de transição de atos, entre outras. Os detalhes sobre os trabalhos e preconceitos sofridos por Hipátia, Marie e Lise estão descritos ao longo dessa obra, publicada em livro e em vídeo após gravação em uma das apresentações realizada no Teatro SESC de Birigui. A peça articula realidade e ficção, em narrativas e diálogos ao longo de quatro momentos históricos importantes para os avanços da Ciência e a superação do preconceito.

Meu papel no projeto foi auxiliar cada equipe, gerenciar a sincronia dos trabalhos e mediar os conflitos que surgiam. No total, foram pouco mais de dois meses de pesquisa, produção e ensaios para a apresentação final, que tinha como meta o Show de Talentos da III Semana da Física e da Matemática (III SEFISMAT), evento local dos cursos de licenciatura do IFSP, o qual geralmente ocorre no mês de maio. A apresentação aconteceu no auditório do Instituto Federal, para aproximadamente duzentas pessoas.

Após a encenação, a turma foi convidada a apresentar a peça para estudantes do ensino médio de uma escola de Birigui e, posteriormente, recebeu a proposta de publicar o roteiro em livro físico. No lançamento da obra, os estudantes foram convidados a realizar uma apresentação no Teatro SESC de Birigui, que conta com uma infraestrutura profissional que nos permitiu a gravação da peça, disponível no YouTube, que pode ser acessada pelo QR Code.

Vale destacar três resultados importantes com o desenvolvimento e a apresentação dessa obra:

O PRIMEIRO foi a reflexão promovida em uma instituição pública de ensino superior sobre a importância da mulher em qualquer espaço, incluindo na Ciência, combatendo qualquer discriminação por gênero.

O SEGUNDO foi a contribuição para a formação docente, pois a produção e a apresentação de uma peça teatral trazem elementos fundamentais para a formação do futuro professor: escrita, planejamento, trabalho em equipe, expressão corporal, senso crítico, etc.

O TERCEIRO foi a contribuição de uma metodologia ativa (ABP) para a permanência e o êxito dos estudantes, os quais foram capazes de cumprir, de maneira dinâmica, crítica e criativa, os conteúdos curriculares da disciplina. Vale destacar que o teatro foi parte do desenvolvimento do conteúdo e também da avaliação, que desencadeou a motivação e o engajamento dos estudantes ao longo do semestre, resultando em uma grande taxa de aprovação: 87,5%.

Por fim, gostaria de retomar uma fala minha com os professores em formação naquele momento de análise, após a conclusão do projeto: "para o professor promover o protagonismo dos estudantes em sala de aula são necessárias duas atitudes: questionar para refletir e dar liberdade para criar".

A CULTURA MAKER NÃO É APENAS UM MODISMO

Está claro que, apesar de a cultura maker ser uma porta de entrada para trabalhar a inovação e ter resultados positivos no processo de ensino-aprendizagem, ela não é um remédio para os problemas educacionais, mas pode ser um caminho possível para ressignificar o currículo.

Além disso, é perceptível que os princípios desse movimento estão diretamente alinhados às necessidades do século XXI, que envolvem o trabalho colaborativo, a autonomia nos processos e a capacidade de problematizar e pesquisar soluções. Durante uma aula que envolve a filosofia maker, os estudantes desenvolvem projetos, trabalham resoluções de problemas, exercitam a criatividade. O monitoramento de ambientes tem sido proposto para permitir ao docente acompanhar, modelar e idealizar o processo de aprendizagem, calibrando a avaliação e proporcionando vivências significativas na escolarização.

É necessário ressaltar, porém, que há muitos desafios no desenvolvimento dessa cultura inovadora, os quais precisam ser elencados e discutidos:

HÁ MUITA ESPERA POR IDEIAS INCRÍVEIS E ÚNICAS EM VEZ DE OLHAR PARA O QUE JÁ EXISTE. Inovar não significa, necessariamente, criar algo do zero. Já há projetos que funcionam bem nas escolas e podem ser reaproveitados, reelaborados. Um exemplo disso é o próprio Construcionismo de Papert, inspirado no Construtivismo de Piaget, mas adaptado às necessidades de seu tempo e contexto, como vimos. Como afirmou Carbonell Sebarroja (2003), inventa-se pouquíssimo na pedagogia. É possível inspirar-se no que já existe; partir do princípio de que algo precisa ser gerado do zero não precisa ser um obstáculo.

MUITAS VEZES, ESPERA-SE QUE OS PROJETOS TENHAM SUCESSO SEM QUALQUER PRÁTICA, TENTATIVA E ERRO. Inovação envolve prática. A própria cultura maker é baseada na tentativa e erro, e Pacheco (2019) lembra que a inovação não pode ser não praticante. Carbonell Sebarroja (2002) afirma que o centro da inovação é o processo, não o produto, ou seja, o ponto de chegada é importante, mas o caminho até ele é ainda mais.

AS IDEIAS DOS EDUCADORES DEVEM SER VALORIZADAS. Carbonell Sebarroja (2002) defende que a inovação começa com o professor, na sala de aula, "no chão" da escola. O autor lembra que não se pode excluir o trabalho dos professores nem desconfiar dele. É necessário haver equipes docentes sólidas, uma comunidade educativa receptiva e cooperação, apoio externo e institucional. A gestão, seja da escola, seja do governo, precisa apoiar essa inovação, tanto do ponto de vista da adoção de ideias quanto do investimento em infraestrutura para a organização de novos ambientes e currículos.

O PROFESSOR NÃO DEVE ATUAR SOZINHO. A inovação não pode ser algo individual, que um professor faz em sua sala e em uma ou outra aula – é necessário haver um projeto colaborativo, por meio do qual sejam compartilhadas ideias, sugestões, críticas. É essencial deixar de lado a cultura do professor solitário e autossuficiente (Pacheco, 2019) e investir na ideia de comunidade. O professor José Pacheco confirma isso ao lembrar que não se pode atuar com "projetos de professor isolado, solitário, porque um projeto educacional é um ato coletivo, projeto de equipe, de uma escola integrada numa comunidade, dotada de autonomia pedagógica, administrativa e financeira" (Pacheco, 2019, p. 50).

ASSIM COMO NA CULTURA MAKER, NÃO SE CRIA ALGO SEM TESTAR. Deve-se investir em vivência, reflexão e avaliação (Carbonell Sebarroja, 2002). O êxito dos projetos inovadores deve ser constantemente medido, e, se necessário, modificações devem ser colocadas em prática.

É importante, então, que haja planejamento orientado à testagem e à elaboração de alternativas que facilitem a inserção da cultura maker na educação – como no caso do trabalho de robótica com sucata, por exemplo –, aliado ao apoio, à formação continuada de professores e à colaboração. Os cursos educacionais precisam levar em consideração a construção de saberes voltados ao Universo maker, pois já é comum o uso desse recurso na educação básica. Nesse sentido, é importante considerar um currículo que permita articular teoria e prática, proporcionando reflexões e vivências. O fato é que qualquer movimentação em direção a uma implementação cada vez mais profunda da cultura maker na educação não é uma atitude que precisa partir de um ou outro agente: é necessário que, assim como nos próprios pilares do movimento, o trabalho seja **colaborativo**.

Como não se cria algo sem testar, queremos convidar você a se juntar aos estudantes no estudo dos conceitos e nas atividades práticas dos outros volumes desta coleção. A colaboração entre docente e estudante também é muito importante na implementação da cultura maker! Por isso, nos próximos livros, vamos mergulhar, junto aos nossos personagens, em conteúdos ligados a questões ambientais, projeto de vida, programação e robótica para colocar a mão na massa e entender, na prática, o que a cultura maker nos proporciona. Veja só que volumes incríveis esperam por você e seus estudantes:

- *Pequenos inventores: invenções que mudam o mundo, artefatos mão na massa;*
- *Makers salvando o planeta: SOS pelo meio ambiente;*
- *Jovens hackers: programando o futuro.*

Os conteúdos vão crescendo, gradualmente, em complexidade e em quantidade de conceitos necessários para a realização das atividades. A ideia é que, ao longo do Ensino Fundamental e Médio, possamos introduzir essas ideias e, assim, ressignificar a aprendizagem das tecnologias na educação básica! A sugestão é que você, junto aos materiais de orientação pedagógica, leve essas atividades à sala e introduza esses conceitos de forma prática com seus estudantes.

Vamos juntos? Mão na massa!

REFERÊNCIAS

AZEVEDO, S.; AGLAÉ, A.; PITTA, T. **Minicurso: introdução à robótica educacional.** 62ª Reunião Anual da SBPC. Disponível em: http://www.sbpcnet.org.br/livro/62ra/minicursos/mc%20samuel%20azevedo.pdf. Acesso em: 6 set. 2023.

BACKMANN, C. P. **Desenvolvimento do pensamento computacional através de atividades desplugadas na educação básica**. Dissertação para Doutorado em Informática na Educação. Centro Interdisciplinar de Novas Tecnologias na Educação (Cinted) da Universidade Federal do Rio Grande do Sul. Porto Alegre: 2017.

BLIKSTEIN P. **Maker movement in education**: History and prospects. *In:* De Vries M. (ed.) Handbook of technology education. Springer, Cham: 419-437, 2018.

_____. Viagens em Troia com Freire: a tecnologia como um agente de emancipação. **Educação e Pesquisa**, v. 42, n. 3, p. 837-853, set. 2016. Disponível em: https://www.scielo.br/j/ep/a/smj6D5mtcLqNsVkzcxgsKcq/?lang=pt#. Acesso em: 6 set. 2023.

_____; SILVA, Rodrigo Barbosa e (org). **Robótica educacional**: experiências inovadoras na educação brasileira. Porto Alegre: Penso Editora, 2020.

BRASIL, Ministério da Educação. **Base Nacional Comum Curricular**. Brasília, 2018. Disponível em: http://basenacionalcomum.mec.gov.br/images/BNCC_EI_EF_110518_versaofinal_site.pdf. Acesso em: 6 set. 2023

BRASIL, Ministério da Educação. **Computação**: complemento à BNCC. Brasília, 2022. Disponível em: http://portal.mec.gov.br/docman/fevereiro-2022-pdf/236791-anexo-ao-parecer-cneceb-n-2-2022-bncc-computacao/file. Acesso em: 6 set. 2023.

BRASIL. **Lei nº 14.533, de 11 de janeiro de 2023**. Institui a Política Nacional de Educação Digital e altera as Leis nºs 9.394, de 20 de dezembro de 1996 (Lei de Diretrizes e Bases da Educação Nacional), 9.448, de 14 de março de 1997, 10.260, de 12 de julho de 2001, e 10.753, de 30 de outubro de 2003. Brasília, MEC, 2023. Disponível em: https://www.planalto.gov.br/ccivil_03/_Ato2023-2026/2023/Lei/L14533.htm. Acesso em: 6 set. 2023.

CAMPOS, F. R. **A robótica para uso educacional**. São Paulo: Senac Editora, 2019.

CARBONELL SEBARROJA, J. (org). **Pedagogias do século XX**. Porto Alegre: Artmed, 2003.

_____. **A aventura de inovar**: a mudança na escola. Porto Alegre: Artmed, 2002.

CIEB. **Currículo de Tecnologia e Computação**. Disponível em: https://curriculo.cieb.net.br/. Acesso em: 6 set. 2023.

CÓDIGO binário: o que é e para que serve. **Blog XP Educação**, 2022. Disponível em: https://blog.xpeducacao.com.br/codigo-binario/. Acesso em: 6 set. 2023.

DA COMPUTAÇÃO à programação: a evolução da linguagem web. **Fundação Telefônica Vivo**, 2017. Disponível em: https://www.fundacaotelefonicavivo.org.br/noticias/da-computacao-a-programacao-a-evolucao-da-linguagem-web/. Acesso em: 6 set. 2023.

FARROUPILHA, I. F. **Guia Didático do Design Thinking**: uma metodologia ativa para estimular a criatividade, a inovação e o empreendedorismo em sala de aula. Jaguari (RS), 2020. Disponível em: https://educapes.capes.gov.br/bitstream/capes/572344/2/Guia%20Did%C3%A1tico%20do%20Design%20Thinking%20_%20uma%20metodologia%20ativa%20para%20estimular%20a%20criatividade%2C%20a%20inova%C3%A7%C3%A3o%20e%20o%20empreendedorismo%20em%20sala%20de%20aula..pdf. Acesso em: 6 set. 2023.

FREIRE, Paulo. **Pedagogia do oprimido**. Rio de Janeiro: Paz e Terra, 1968.

GAROFALO, D. Educação 4.0: o que devemos esperar. **Nova Escola**, 2018. Disponível em: https://novaescola.org.br/conteudo/9717/educacao-40-o--que-devemos-esperar. Acesso em: 6 set. 2023.

IMD. **Aula 01 – Revisão de Programação**: Números binários. Disponível em: https://materialpublic.imd.ufrn.br/curso/disciplina/2/61/1/5. Acesso em: 6 set. 2023.

LEGNAIOLI, S. **Movimento Maker**: um jeito de praticar o faça você mesmo. eCycle disponível em: https://www.ecycle.com.br/movimento-maker/. Acesso em: 6 set. 2023.

MARCOS, M. Quem foi Ada Lovelace, primeira programadora da história. **Estudar Fora**, 2023. Disponível em: https://www.estudarfora.org.br/ada-lovelace/. Acesso em: 6 set. 2023.

MASSA, P. N.; OLIVEIRA, G. S. de; SANTOS, J. A. dos. O Construcionismo de Seymour Papert e os computadores da educação. **Cadernos da Fucamp**, v. 21, n. 52, p.110-122, set. 2022. Disponível em: https://revistas.fucamp.edu.br/index.php/cadernos/article/view/2820. Acesso em: 6 set. 2023.

MENDES, D. Cultura maker no ensino superior: a produção de podcasts educativos como instrumento pedagógico mediador de aprendizagens significativas. **Anais do CIET:CIESUD:2022**, São Carlos, set. 2022. Disponível em: https://cietenped.ufscar.br/submissao/index.php/2022/article/view/2378/1983. Acesso em: 22 maio 2023.

MENDES, T. Linguagem de programação: conheça os principais conceitos e ferramentas desse universo. **NaPrática.org**, 2022. Disponível em: https://www.napratica.org.br/linguagem-de-programacao/. Acesso em: 6 set. 2023.

MORAN, J. **Mudando a educação com metodologias ativas**. *In:* [Coleção Mídias Contemporâneas. Convergências Midiáticas, Educação e Cidadania: aproximações jovens. Vol. II] Carlos Alberto de Souza e Ofelia Elisa Torres Morales (orgs.). Ponta Grossa: UEPG/PROEX, 2015. 180p. (Mídias Contemporâneas, 2) p. 15-33. Disponível em: http://www2.eca.usp.br/moran/wp-content/uploads/2013/12/mudando_moran.pdf. Acesso em: 6 set. 2023.

MOTA, A. O que é Arduino e como funciona? **Portal Vila de Silício**, 2021. Disponível em: https://portal.vidadesilicio.com.br/o-que-e-arduino-e-como-funciona/. Acesso em: 6 set. 2023.

PACHECO, J. **Inovar é assumir um compromisso ético com a educação**. Petrópolis: Vozes, 2019.

PINELLI, N. Ada Lovelace Day. **Revista Galileu**, 2016. Disponível em: https://revistagalileu.globo.com/Caminhos-para-o-futuro/Desenvolvimento/noticia/2016/10/ada-lovelace-day.html. Acesso em: 6 set. 2023.

SÃO PAULO. **Diretrizes Curriculares**: Tecnologia e Inovação. São Paulo, 2019. Disponível em: https://efape.educacao.sp.gov.br/curriculopaulista/wp-content/uploads/2020/02/diretrizes-curriculares-tecnologia--e-inovacao.pdf. Acesso em: 6 set. 2023.

VALENTE, J. A. **O computador na sociedade do conhecimento**. Campinas: Unicamp/NIED, 1999.

WING. J. M. Computacional thinking. **Commucations of the ACM**, v. 49, n. 3, 2006. p. 33-35.

YOUTUBE. **Cultura Maker:** que bicho é esse? #Descomplicado #28. Disponível em: https://www.youtube.com/watch?v=A9uI0UrViqg. Acesso em: 6 set. 2023.

YOUTUBE. **Dale Dougherty**: Nós somos criadores. Disponível em: https://www.youtube.com/watch?v=mlrB6npbwVQ/. Acesso em: 6 set. 2023.

ZSIGMOUND, F. **Tecnologia e a cultura do "faça você mesmo"**. Entrevista ao programa Conexão Futura, exibida no Canal Futura, jan. 2017. Disponível em: https://www.youtube.com/watch?v=FO5oxuYfvfg. Acesso em: 6 set. 2023.